제4차 산업혁명시대,
사야 할 주식

제4차 산업혁명시대에 꼭 알아야 할 핵심종목 51

INDUSTRY
4.0

제4차 산업혁명시대, 사야 할 주식

이상헌 지음

원앤원북스

원앤원북스 우리는 책이 독자를 위한 것임을 잊지 않는다.
우리는 독자의 꿈을 사랑하고,
그 꿈이 실현될 수 있는 도구를 세상에 내놓는다.

제4차 산업혁명시대, 사야 할 주식

초판 1쇄 발행 2017년 9월 5일 | **초판 4쇄 발행** 2018년 2월 5일 | **지은이** 이상헌
펴낸곳 (주)원앤원콘텐츠그룹 | **펴낸이** 박종명
책임편집 심보경 | **편집** 이가진 · 이광민 · 김윤성
디자인 최정아 · 홍경숙 | **마케팅** 안대현
등록번호 제301-2006-001호 | **등록일자** 2013년 5월 24일
주소 06132 서울시 강남구 논현로 507 성지하이츠빌 3차 1307호 | **전화** (02)2234-7117
팩스 (02)2234-1086 | **홈페이지** www.1n1books.com | **이메일** khg0109@hanmail.net
값 15,000원 | **ISBN** 979-11-6002-082-3 03320

원앤원북스는 (주)원앤원콘텐츠그룹의 경제 · 경영 · 자기계발 브랜드입니다.
잘못 만들어진 책은 구입하신 서점에서 교환해 드립니다.
이 책을 무단 복사, 복제, 전재하는 것은 저작권법에 저촉됩니다.

이 도서의 국립중앙도서관 출판예정도서목록(CIP)은 서지정보유통지원시스템 홈페이지(http://seoji.nl.go.kr)와
국가자료공동목록시스템(http://www.nl.go.kr/kolisnet)에서 이용하실 수 있습니다.(CIP제어번호: CIP2017019401)

오늘날 우리는 삶과 일, 인간관계의 방식을
근본적으로 변화시키는 혁명의 문 앞에 서 있다.

· 클라우스 슈밥 (제4차 산업혁명의 선구자) ·

제4차 산업혁명 수혜주에
지금 당장 투자하라!

연암 박지원이 쓴 〈코끼리에 대하여(象記)〉라는 작품에는 코끼리에 대한 세밀한 묘사와 더불어 이에 대한 견해 등이 표현되어 있다. 코끼리는 단순히 기괴하고 진기한 대상이 아니라, 고정되고 편협한 시각과 지식체계를 갖고 있는 사람들의 사고를 확장해줄 수 있는 의미 있는 대상이 된다는 것이다. 즉 코끼리가 선입견과 고정관념에서 탈피해 보다 넓은 세계와 지식체계가 있다는 사실을 깨닫도록 해주는 것이다.

이전에 필자는 〈코끼리에 대하여〉를 읽고 한없이 작아지는 느낌이 드는 동시에 소름이 돋았다. 항상 틀에 박힌 일정한 방식이나 태도로 인해 별것 아니라고 생각해 그냥 지나치는 매너리즘에 빠져서 살았구나 하는 생각이 번쩍 들었다.

제4차 산업혁명의 경우도 어떻게 보면 실체가 없을 수도 있고, 단지 제3차 산업혁명의 연장선이기 때문에 새로울 게 없을 수도 있다. 만약 그렇다고 해도 현재 시점에서는 긍정적인 사고로 모든 '상상력(想像力)'을 발휘해 미래를 꿈꾸어야 할 때다. 그래야만 변화가 일어날 것이다.

산업혁명과 밀접한 관련이 있는 기술발전의 역사를 살펴보아도 지금과 비슷하다. 과거에도 상상이 현실이 된 새로운 기술이 나오면 이런저런 반발이 있었지만, 새로운 기술의 등장으로 사람들은 곧 좀더 편안한 생활을 하게 되었고 반발도 사라졌다. 기술은 인류의 삶을 보다 행복하고 편안하게 해줄 것이라는 약속에서 발전해왔다. 즉 인류(고객)의 가치를 증진시켜야만 기술이 발전하는 것이다.

새로운 기술로 인해 끊임없이 제품 및 서비스가 등장한다. 투자 관점에서 보면 없었던 것이 새로 등장하게 되면 가치 증분(增分)이 크게 일어날 수 있으므로 투자수익률이 극대화될 수 있다. 여기에서 가장 큰 전제(前提)는 '새로운 기술로 인한 제품 및 서비스가 과연 고객의 가치를 증진시킬 수 있겠는가?'다.

따라서 제4차 산업혁명의 무수히 많은 신기술과 패러다임을 어떻게 융합할지를 견인하는 것은 궁극적으로 고객의 가치 증진에 있다. 제4차 산업혁명에서 사물인터넷·빅데이터·인공지능 등 혁신적인 기술의 발전이 소비자의 행동방식을 변화시키고, 이에 따라 신규시장이 출현하거나 산업이 진화되면서 재편이 가속화되고 있다. 이와 같은 혁신은 단순한 생산성 증대를 의미하는 것이 아니라 많은 물건을 적은 인력으로 빨리 만들어서 고객의 가치를 증진시키는 것을 의미하며, 이것이 곧 기업의 가치상승으로 이어지는 것이다.

특히 기술적 혁신에 의한 산업혁명은 기존에 없었던 것이 새로 출현해 사회 및 경제에 지대한 영향을 미쳤기 때문에 이와 관련된 주식들은 상승을 넘어 항상 버블까지 조성되었다. 다시 말해 혁신동인이 증기기관인 제1차 산업혁명에서는 철도버블을, 전기발명인 제2차 산업혁명에서는 자동차 등 다우산업지수버블을, 컴퓨터·인터넷 등이 등장한 제3차 산업혁명에서는 닷컴버블을 촉발시켰다.

제4차 산업혁명의 경우 지능정보기술이 과거 기계가 진입하지 못한 다양한 산업 분야에 기계의 진입을 가능하게 했다. 이로 인해 높은 생산성과 산업구조의 대대적 변화가 촉발됨에 따라 경제 및 사회 전반의 혁명적 변화를 초래할 것으로 전망된다. 따라서 제4차 산업혁명시대에는 무수히 많은 신기술과 패러다임이 나타날 것이며, 이는 곧 변화에 대한 변곡점이 될 수 있기 때문에 투자할 기회가 많이 생겨 투자환경이 어느 때보다도 좋을 것이다.

또한 신성장동력을 마련하기 위한 정부정책들은 기업들의 성장을 위한 로드맵 역할을 해왔다. 정권이 교체될 때마다 신성장동력이 바뀌었다. 이는 그 정부만의 고유한 특색을 나타내려고 하는 의도뿐만 아니라 세계 경제환경 및 정세 변화 등 때문이다. 주식시장은 정부주도하에 미래 성장동력 가치에 대해 항상 높은 밸류에이션을 적용하면서 관련 종목들의 주가 상승을 이끌었다.

이에 따라 제4차 산업혁명 관련주의 경우 미래 성장동력 가치에 대해 높은 밸류에이션 적용이 가능할 것이므로 관련 종목들의 주가 상승이 예상된다. 물론 그런 주가수준이 버블을 만들 수는 있으나 오히려 그런 버블이 제4차 산업혁명 관련 산업에 투자를 일으켜 선순환 구조로 되면서 제4차 산업혁명 관련 산업이 괄목

상대하게 성장하는 계기가 될 수 있을 것이다.

성장이 정체되어 가는 전통산업의 재도약과 더불어 새로운 시장을 발굴하기 위한 신성장동력으로 제4차 산업혁명이 문재인 정부의 최대 화두가 될 전망이다. 따라서 지금과 같은 정권 초기에는 문재인 정부의 신성장동력 정책인 제4차 산업혁명에 더욱 주목해야 할 뿐만 아니라 제4차 산업혁명 관련 주식투자의 적기라고 판단된다.

제4차 산업혁명은 투자자에게는 기회이자 리스크가 될 수 있다. 환경 등 여러 변화로 인해 기존 틀에서 벗어나 수많은 요소를 고려해 투자를 해야 하므로 기회뿐만 아니라 리스크도 증가하기 때문이다.

주식투자 관점에서 보다 분명한 점은 신기술 및 패러다임으로 고객의 가치를 증진시킬 수 있는 기업에 투자해야 투자수익률을 높일 수 있다는 것이다. 즉 제4차 산업혁명의 무수히 많은 신기술과 패러다임을 어떻게 융합할지를 견인하는 것은 궁극적으로는 고객가치의 향상이다. 결국에는 제4차 산업혁명시대의 주식의 가치는 고객의 가치를 얼마나 많이 증진시킬 수 있느냐가 가장 큰 관건이 될 것이다.

　아직 많은 사람들에게 제4차 산업혁명은 모호할 뿐만 아니라 개념 자체가 잘 와닿지 않을 수 있다. 이 책에서는 제4차 산업혁명에 대해 이해하기 쉽도록 관련 분야들을 융합 빅데이터 플랫폼과 지배구조, 스마트카, 스마트팩토리, 통신 인프라, 블록체인, 의료용 로봇, 지능정보기술(사물인터넷·빅데이터·인공지능), 바이오헬스 등 카테고리별로 나누어 제시했으며, 각각의 카테고리마다 투자 유망한 국내외 주식을 소개했다.

　끝으로 늘 곁에서 버팀목이 되어주는 아내 세은이와 아빠를 제일 좋아하는 사랑스러운 딸 예원이, 늘 잘 되기를 기원하시는 양가 부모님께 고마움을 전한다. 이 책을 읽는 독자들이 조금이나마 제4차 산업혁명을 이해하고, 더 나아가 주식투자에 도움이 되었으면 한다. 행운을 빈다.

이상헌

지은이의 말 제4차 산업혁명 수혜주에 지금 당장 투자하라! • 6

• PART 1 •

제4차 산업혁명,
주식시장 상승의 중요한 원동력이다

산업혁명이라는 격변은 주식시장을 버블로 이끌었다 • 23
진정한 스마트시대인 제4차 산업혁명, 주가는 상승한다 • 31
제2차 산업혁명의 상징 포드, 제4차 산업혁명의 상징 테슬라 • 37
FANG과 NVIDIA, 그리고 제4차 산업혁명 • 40
미국·독일 등 주요국의 제4차 산업혁명 관련 혁신정책 • 41
역대 정권의 신성장동력정책은 주가상승을 이끌었다 • 44
문재인 정부의 신성장동력정책은 제4차 산업혁명이다 • 49
제4차 산업혁명시대에 돈 되는 주식은 따로 있다 • 53

• PART 2 •

제4차 산업혁명과 융합 빅데이터 플랫폼,
그리고 지배구조

제4차 산업혁명 대응전략으로 지배구조를 개편한 구글 • 61
초연결 융합 빅데이터 플랫폼이 강력히 떠오른다 • 65
제4차 산업혁명시대, 지배구조 변환을 통한 성장 도모 • 69

어떤 주식을 사야 돈을 벌 수 있을까?

엔씨소프트(036570), 카카오(035720), NAVER(035420), Alphabet(GOOGL. US),
Amazon(AMZN. US), Facebook(FB. US), Netflix(NFLX. US)

• PART 3 •

제4차 산업혁명의 중심에
스마트카가 있다

제4차 산업혁명의 핵심인 스마트카에 주목하자 • 83

제4차 산업혁명의 대표적 기술, 자율주행차 • 86

전기차 패러다임이 근본적으로 바뀌고 있다 • 94

전 세계의 친환경차 정책으로 전기차시장은 빅뱅중 • 96

전기차시장 성장으로 본격 성장기에 진입한 2차전지 • 98

전기차 부품, 2차전지 소재, 자율주행차 관련 업체에 주목하자 • 100

어떤 주식을 사야 돈을 벌 수 있을까?

• **2차전지** LG화학(051910), 삼성SDI(006400)
• **2차전지 소재** 에코프로(086520), 엘앤에프(066970), 일진머티리얼즈(020150), 포스코켐텍
  (003670)
• **자율주행차** MDS테크(086960), 해성디에스(195870), 유니퀘스트(077500), 한라홀딩스
  (060980)
• **전기차** BYD(1211. HK)
• **전기차 부품** 삼화콘덴서(001820), 우리산업(215360)

• PART 4 •

스마트팩토리의
성장세 가속화가 놀랍다

제4차 산업혁명의 기술 집합체, 스마트팩토리 • 119

스마트팩토리의 단계와 밸류체인 • 121

각국 정부가 중점적으로 추진중인 스마트팩토리 • 125

스마트팩토리시장 성장에 따른 수혜 기업에 주목하자 • 132

어떤 주식을 사야 돈을 벌 수 있을까?

SK(034730), 에스엠코어(007820), LS산전(010120), 포스코ICT(022100), Siemens(SIE, GR), Mitsubishi Electric(6503, JP), Rockwell Automation(ROK, US), Fanuc(6954, JP)

• PART 5 •

제4차 산업혁명 실현의
핵심 인프라는 통신이다

지능화 시대에 통신 인프라 구축은 필수다 • 145

2020년부터 5G이동통신 본격화로 초연결성 시대가 열린다 • 148

5G 시범 서비스의 주요 국가 추진 현황 • 151

통신 인프라 투자환경으로 인한 수혜 기업에 주목하자 • 152

어떤 주식을 사야 돈을 벌 수 있을까?

SK텔레콤(017670), KT(030200), LG유플러스(032640), 대한광통신(010170), 오이솔루션(138080), 케이엠더블유(032500), 이노와이어리스(073490), 엔텔스(069410)

• PART 6 •

'제2의 인터넷'인
블록체인에 주목하자

초연결사회에서는 블록체인이 변혁을 주도한다 • 165
사회 모든 영역에 걸쳐 큰 영향을 미칠 블록체인 • 168
블록체인 수혜 기업에 주목하자 • 172

어떤 주식을 사야 돈을 벌 수 있을까?

삼성에스디에스(018260)

• PART 7 •

제4차 산업혁명시대,
수술도 로봇이 한다

의료용 로봇시장의 성장이 빨라지고 있다 • 181
의료용 로봇기술의 진입장벽이 높은 편이다 • 183
수술용 로봇의 성장, 수혜 업체에 주목하자 • 186

어떤 주식을 사야 돈을 벌 수 있을까?

고영(098460), Intuitive Surgical(ISRG, US)

• PART 8 •

지능정보기술,
제4차 산업혁명 변화의 중요한 동인이다

AI·IoT·빅데이터, 제4차 산업혁명의 촉진 • 195
AI·IoT·빅데이터, 콘텐츠 소비의 증가 • 201
AI·IoT·빅데이터, 반도체 수요의 증가 • 202

어떤 주식을 사야 돈을 벌 수 있을까?

삼성전자(005930), 더존비즈온(012510), 효성ITX(094280), 유비벨록스(089850),
아이콘트롤스(039570), 지니뮤직(043610), 에스원(012750), NHN한국사이버결제
(060250), NVIDIA(NVDA, US)

• PART 9 •

제4차 산업혁명은
바이오헬스산업을 촉진시킨다

경험 기반에서 데이터 기반으로, 범용에서 맞춤형으로 • 217
빅데이터 분석 통한 의약품 개발 • 219
ICBM 기반으로 한 의료기기 개발 • 220

어떤 주식을 사야 돈을 벌 수 있을까?

코오롱(002020), 오스템임플란트(048260), 비트컴퓨터(032850)

색인 • 226
제4차 산업혁명 핵심용어 해설 • 230
『제4차 산업혁명시대, 사야 할 주식』 저자와의 인터뷰 • 242

THE FOURTH INDUSTRIAL REVOLUTION

PART 1

제4차 산업혁명,
주식시장 상승의
중요한 원동력이다

기술적 혁신에 의한 산업혁명은 기존에 없었던 것이 새로 출현한 것으로 사회 및 경제에 지대한 영향을 미쳤기 때문에 이와 관련된 주식들은 상승을 넘어 항상 버블까지도 조성했다. 혁신동인이 증기기관인 제1차 산업혁명은 철도버블을, 전기 발명인 제2차 산업혁명은 자동차 등 다우산업지수버블을, 컴퓨터·인터넷 등이 등장한 제3차 산업혁명은 닷컴버블을 촉발시켰다.

제4차 산업혁명이 사물인터넷·빅데이터·인공지능 등 기술로 융복합됨에 따라 공진화하는 기술혁신, 제조업의 산업구조 혁신(제조공정의 디지털화, 제품의 서비스화), AI기반의 플랫폼 비즈니스(공유경제, 블록체인 등) 등으로 표출되면서 한 산업의 경계 붕괴와 새로운 혁신 서비스가 나타날 것이다. 제4차 산업혁명은 지능정보기술이 과거 기계가 진입하지 못한 다양한 산업 분야에 기계가 진입해 생산성을 높이고 산업 구조의 대대적 변화를 촉발함에 따라 경제 및 사회 전반의 혁명적 변화를 초래할 것으로 전망된다. 또한 이와 같은 제4차 산업혁명은 진정한 스마트 시대(지능화+초연결)의 도래를 의미한다.

이런 제4차 산업혁명의 무수히 많은 신기술과 패러다임을 어떻게 융합할지를 견인하는 것은 궁극적으로는 고객가치의 향상이다.

닷컴버블의 경우 향후 인터넷 보급 확대 등으로 인한 신규 비즈니스 증가 기대감 등이 선반영된 측면이 강했는데, 이번 제4차 산업혁명의 경우도 사물인터넷·로봇공학·3D프린팅·빅데이터·인공지능 등의 주요기술로 인한 ICT 기반 융합 서비스의 잠재가치 등이 선반영되면서 버블이 나타날 가능성이 높을 것이다. 특히 제4차 산업혁명의 무수히 많은 신기술과 패러다임을 융합해 고객가치 향상에 이바지할 것으로 예상되는 기업의 주가 상승률이 높을 것이다.

한편 주식시장은 정부 주도하에 미래 성장동력 가치에 대해서는 항상 높은 밸류에이션을 적용하면서 관련 종목들의 주가상승을 이끌었다. 성장이 정체되어가는 전통산업의 재도약과 더불어 새로운 시장을 발굴하기 위한 신성장동력으로 제4차 산업혁명이 문재인 대통령의 집권기간 동안 최대 화두가 될 전망이다.

산업혁명이라는 격변은
주식시장을 버블로 이끌었다

혁신(innovation)과 혁명(revolution)의 차이는 무엇일까? 사전적으로 살펴보면 혁신은 '새로운 아이디어·방법·디바이스 등의 등장'을 의미하며, 혁명은 '갑작스럽고 급진적이지만 필요한 모든 것이 갖추어진 완전하고 근본적인 변화'로 정의된다.

여기에 대입해 산업혁명을 정의하면 '기술적 혁신과 이로 인해 일어난 사회적·경제적 큰 변화'라고 할 수 있다. 즉 인류 역사 변화의 중심에는 새로운 기술의 등장과 더불어 기술적 혁신이 자리잡고 있으며, 새로운 기술의 등장은 단순히 기술적 변화에 그

각 산업혁명의 단계별 변화

	제1차 산업혁명	제2차 산업혁명	제3차 산업혁명	제4차 산업혁명
시기	18세기 후반	19~20세기 초	20세기 후반	2000년대 이후
연결성	국가 내부의 연결성 강화	기업–국가 간의 연결성 강화	사람·환경·기계의 연결성 강화	자동화, 연결성의 극대화
최초 사례	방직기 (1784)	신시내티 도축장 (1870)	PLC: Modicon 084(1969)	
혁신 동인	증기기관 (Steam Power)	전기에너지 (Electric Power)	컴퓨터·인터넷 (Electronics & IT)	IoT·빅데이터·AI 기반 초연결 (Hyper–Connec tion, CPS)
	동력원의 변화(유형자산 기반)		정보처리 방식의 변화(무형자산 기반)	
특징 원인	기계화	전기화	정보화	지능화
특징 결과	산업화 (Industrialisation)	대량생산 (Mass Production)	자동화 (Automation)	자율화 (Autonomisation)
			기계·SW가 데이터를 생산	데이터가 기계·SW를 제어
현상	영국 섬유공업의 거대 산업화	컨베이어 벨트 활용 기반 대량생산 달성한 미국으로 패권 이동	인터넷 기반의 디지털혁명, 미국의 글로벌 IT기업 부상	사람–사물–공간의 초연결, 초지능화를 통한 산업구조 개편

자료: 산업부(2017년 2월), '제4차 산업혁명'

치지 않고 전 세계의 사회 및 경제구조에 큰 영향을 일으킨다.

이와 같은 기술적 혁신에 의한 산업혁명은 기존에 없었던 것이 새로 출현해 사회 및 경제에 지대한 영향을 미쳤기 때문에 이와 관련된 주식들은 상승을 넘어 항상 버블까지도 조성했다. 또한 기업 입장에서는 새로운 기술의 출현이 후발자가 기존 강자를 뛰어넘을 수 있는 일종의 기회로 활용되었다.

다시 말해서 혁신동인이 증기기관인 제1차 산업혁명에서는 철도버블을, 전기가 발명된 제2차 산업혁명에서는 자동차 등 다우 산업지수버블을, 컴퓨터·인터넷 등이 등장한 제3차 산업혁명에서는 닷컴버블을 촉발시켰다.

이제 제4차 산업혁명은 제3차 산업혁명에서 등장한 디지털기술의 고도화와 적용범위 확장을 통해 제품과 서비스의 혁신·일자리·복지 등 사회구조의 변화까지도 발생시킬 것이다. 이와 관련해 다른 산업혁명에서 그러했듯 버블이 촉발될 수도 있을 것으로 판단된다.

제1차 산업혁명으로 촉발된 철도버블

농경 중심의 사회에서 산업사회로의 첫 번째 전환점이라고 할 수 있는 제1차 산업혁명은 18세기 후반부터 19세기 초반까지 영국을 중심으로 발생했다. 이는 증기기관의 등장으로 가내수공업 중심의 생산체제가 공장 생산체제로 변화된 시기를 말하는 것으로 '기계혁명'이라고 불린다. 이처럼 기계가 육체노동을 대체함에 따라 '러다이트 운동(luddite movement)'이라는 기계 파괴 운동도 일어났으며, 농토와 가정에서 공장과 도시로 삶의 터전이 바뀌었다. 또한 산업의 주도권은 유럽대륙에서 영국으로 이전되었으며, 왕족과 귀족의 지배체제의 정치구조가 부르주아를 중심으로 하는 자유주의적 경제체제로 변화했다.

한편 제1차 산업혁명 시기에 철도는 기술적으로는 궤도와 견인력의 혁신 결과로 나타났다. 영국에서는 철도가 최대 산업의 하나로 성장했다. 이에 따라 다수의 철도회사들이 설립되는 과정에서 철도회사 주식에 대한 투자열풍이 불기 시작했으며, 철도를 건설하겠다는 계획을 발표하는 것만으로도 엄청난 자금이 몰려들면서 주가가 상승했다.

그러나 철도기업 신설과 철도건설 계획이 잇달아 발표되면서 철도기업의 수익성에 대한 회의가 생겨나기 시작했다. 이런 상황에서 철도건설이 본격화되자 철도회사들이 납입되지 않은 주식대금을 청구했고 투자자들은 주식대금을 납입하기 위해 주식을 팔기 시작했으며, 이자율상승 부담 등으로 인해 주식매도가 가속화되어 주가는 폭락했다.

이와 같은 버블에도 긍정적인 효과가 발생했는데, 영국 경제가 심각한 불황을 겪고 있던 1840년대에 철도건설의 붐이 일자 50만 명의 노동자들이 철도건설 현장에 투입되면서 고용이 창출되었다. 또한 이와 같은 철도건설이 경제발전에 밑거름이 되는 사회간접자본 확충에 기여했을 뿐만 아니라 다른 산업부문에도 엄청난 파급효과를 미쳤다.

제2차 산업혁명으로 촉발된 자동차 등 다우산업지수버블

19세기 말부터 20세기 초반까지 전개된 제2차 산업혁명에서는 전기동력의 등장으로 '에너지 혁명'이라고도 불리며 대량생산체제가 가능해졌다. 전기를 비롯해 이 기간에 등장한 혁신기술들은 산업생산 분야뿐만 아니라 개인과 가정의 일상생활에서도 생산성 및 생활수준의 획기적인 개선을 불러일으켰다. 즉 미국과 독일 중심으로 새로운 강철 제조기술과 근대적 화학기술을 개발해 철강과 자동차·전기산업 등 새로운 산업 분야에서 눈부신 성과를 이루었으며, 이러한 생산기술발전이 근대 과학발전과 밀접한 관계를 맺으면서 진행되었다.

포드·GE·바이엘 등의 기업이 등장하면서 대기업이 기술혁신의 핵심 주체로 부상했다. 포드의 창설자인 헨리 포드(Henry Ford)는 모델 T를 대량으로 생산하면서 테일러주의(작업의 세분화와 공구의 특화에 입각한 과학적 관리)를 구현했을 뿐만 아니라, 도축장의 해체라인에서 착안한 컨베이어 벨트 도입으로 연속적인 조립라인이 구축되면서 대량생산과 대중소비의 결합을 추구했다.

한편 제1차 세계대전(1914~1918년)이 끝나고 미국은 엄청난 호황을 맞이한다. 1920년대에는 자동차 보급 같은 새로운 산업이 출현하면서 성장에 대한 기대감으로 다우산업지수가 1920년부터 1929년 9월까지 216% 상승했다. 특히 1886년 자동차 발명

이후 1900년경 처음 상업화로 창업 붐이 일어나기 시작함에 따라 자동차산업의 급격한 성장이 보급률 확대로 이어지면서 GM 주가 등이 상승했다.

그러나 1929년 9월과 10월에 주식가격이 하락하기 시작했으며, 1929년 10월 24일 목요일에 대폭락했고, 그 다음 주 월요일과 화요일에도 폭락세는 이어져 주식시장은 완전히 붕괴되었다. 이러한 주가폭락은 1930년대 경제대공황과 디플레이션으로 이어졌으며, 역사적인 뉴딜정책을 불러왔다. 루즈벨트 정부가 뉴딜정책의 기치 아래 새로운 금융 인프라를 정립하면서 미국 연방예금보험공사(FDIC; Federal Deposit Insurance Corporation)와 미국 증권거래위원회(SEC; Securities and Exchange Commission) 등이 이때 생겨났다. 이로써 신용이 주도하는 경제의 초석도 마련했다.

제3차 산업혁명으로 촉발된 닷컴버블

현대사회로 진입할수록 새로운 기술과 기술적 혁신이 나타나는 주기가 극단적으로 빨라졌으며, 기술의 파급속도도 급격하게 빨라졌다.

20세기 후반에 들어와 제3차 산업혁명이 전개되고 있는 것이 감지되기 시작했다. 즉 1960년대에 시작된 제3차 산업혁명은 반도체와 메인프레임 컴퓨터를 시작으로 1970년대의 개인용 컴퓨터, 1990년대의 인터넷의 발달을 주도하면서 정보통신기술(ICT; Information and Communications Technology)의 발전으로 인한 디지털혁명으로 정보화·자동화 체제가 구축되었다. 또한 다른 분야의 기술이 결합 혹은 융합되는 현상이 가시화되기 시작했으며, 더 나아가 정보기술은 계속해서 다른 기술과의 연결을 확장하는 양상을 보이고 있다. 제3차 산업혁명으로 IBM 같은 컴퓨터 관련 기업이 부상했으며, 미국을 중심으로 한 벤처 붐을 통해 구글과 애플·아마존 같은 소프트웨어기업이 탄생했다.

한편 초고속망 보급과 각종 인터넷 서비스 등으로 인해 인터넷 대중화의 촉매제가 되었으며, 그 파급효과의 기대치 상승으로 닷컴기업 등의 버블을 형성했다. 1990년부터 2000년 3월까지 나스

닷컴버블로 인한 나스닥지수 급등(1990~2000년)

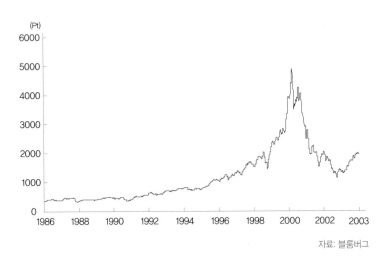

자료: 블룸버그

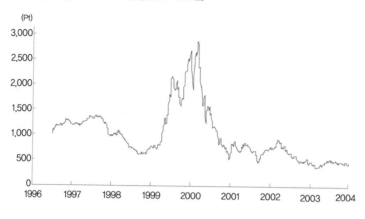

닷컴버블로 인한 코스닥지수 급등(1990~2000년)

자료: 블룸버그

닥지수는 990% 급등했고, 1999년 2월 24일에서 2000년 3월 10일까지 코스닥지수는 300% 가까이 급등했다. 1990년부터 업종별 강세흐름은 반도체에서 시작해 인터넷과 통신으로 이어진 후 바이오테크를 끝으로 종료되었다.

이와 같은 닷컴버블도 긍정적인 측면이 있었는데, 수십 년은 걸렸어야 할 광섬유 인프라가 수년 만에 깔리게 됨에 따라 인터넷의 인프라 확충이 보다 빨리 이루어졌다. 더 나아가 인터넷은 저렴한 가격으로 이용할 수 있는 다양한 비즈니스 모델을 가능하게 만들었다. 또한 이들의 부침에 힘입어 새로운 형태의 기업들이 탄생했고, 살아남은 기업들은 같은 실수를 반복하지 않을 수 있는 경험이 쌓인 기업으로 성장했다.

진정한 스마트시대인 제4차 산업혁명, 주가는 상승한다

현재 지나간 산업혁명에 준하는 거대한 변화의 물결이 밀려오고 있다는 사실에는 전 세계가 동의하고 있다. 세계경제포럼(WEF; World Economic Forum)의 창설자이자 회장인 클라우스 슈밥(Klaus Schwab)은 인공지능(AI; Artificial Intelligence), 가상현실(VR; Virtual Reality)과 증강현실(AR; Augmented Reality), 사물인터넷(IoT; Internet of Things), 빅데이터(Big Data) 등 신기술이 주도하는 미래를 '제4차 산업혁명'이라 명명하며 "4차 산업혁명은 인류가 하는 일을 바꾸는 것이 아니라 인류 자체를 바꿀 것이다."라고 말했다. 제4차 산업혁명을 미국은 '디지털 트랜스포메이션(digital transformation)', 독일은 '인더스트리 4.0(industry 4.0)', 일본은 '소사이어티 5.0(society 5.0)'라고 한다.

이와 같이 제4차 산업혁명은 디지털혁명(제3차 산업혁명)에 기반해 물리적·디지털적·생물학적 공간의 경계가 희석되는 정보기술융합의 시대로, 주요기술로는 사물인터넷·로봇공학·3D프린팅·빅데이터·인공지능 등이 꼽힌다. 즉 초연결을 가능하게 하는 인프라 환경은 사물인터넷·5G 등이, 사물들의 지능화에는 빅데이터·인공지능 등이 역할을 하면서 융복합되어 제4차 산업혁

제4차 산업혁명의 주요기술

주요기술	주요기술의 내용
인공지능 (AI)	• 컴퓨터가 사고·학습·자기계발 등 인간 특유의 지능적인 행동을 모방할 수 있도록 하는 컴퓨터공학 및 정보 기술 • 다양한 분야와 연결해 인간의 업무를 대체하고 그보다 높은 효율성을 가져올 것으로 예상 • AI＋IoT＋자동차＝무인자율주행자동차
사물인터넷 (IoT)	• 사물에 센서를 부착해 실시간으로 데이터를 네트워크 등으로 주고받는 기술 • 인간의 개입 없이 사물 상호 간 정보를 직접 교환하며 필요에 따라 정보를 분석하고 스스로 작동하는 자동화 • IoT＋AI＋빅데이터＋로봇공학＝스마트팩토리
로봇공학 (robot engineering)	• 로봇공학에 생물학적 구조를 적용함에 따라 더욱 뛰어난 적응성과 유연성을 갖추고 정밀농업에서 간호까지 다양한 분야의 광범위한 업무를 처리할 만큼 활용도가 향상
빅데이터 (big data)	• 디지털 환경에서 생성되는 다양한 형태의 방대한 데이터를 바탕으로 인간의 행동패턴 등을 분석 및 예측하는 기술 • 산업현장 등에서 활용하면 시스템의 최적화 및 효율화 도모 가능 • 빅데이터＋AI＋금융정보＝투자로봇어드바이저 빅데이터＋AI＋의학정보＝개인맞춤형 헬스케어
3D프린팅 (additive manufacturing)	• 입체적으로 형성된 3D 디지털 설계도나 모델에 원료를 층층이 겹쳐 쌓아 유형의 물체를 만드는 기술 • 소형 의료임플란트에서 대형 풍력·발전기까지 광범위하게 응용 가능 • 3D프린팅＋바이오기술＝인공장기

자료: 세계경제포럼

명이 실현된다. 이런 제4차 산업혁명의 무수히 많은 신기술과 패러다임을 어떻게 융합할지를 견인하는 것은 궁극적으로는 고객가치의 향상이다.

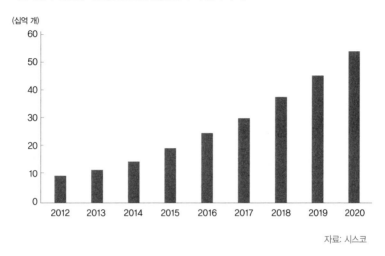

인터넷과 연결된 사물(connected objects) 수의 증가 추이

(십억 개)

자료: 시스코

제4차 산업혁명, 진정한 스마트시대를 열다

제4차 산업혁명은 사물인터넷·빅데이터·인공지능 등 기술로 융복합됨에 따라 공진화하는 기술혁신, 제조업의 산업구조혁신(제조공정의 디지털화, 제품의 서비스화), AI 기반의 플랫폼비즈니스(공유경제 · 블록체인 등) 등으로 표출되면서 한 산업의 경계 붕괴와 혁신 서비스가 나타날 것이다. 즉 제4차 산업혁명은 지능정보기술이 과거 기계가 진입하지 못한 다양한 산업 분야에도 기계가 진입해 생산성을 높이고, 산업구조의 대대적 변화를 촉발함에 따라 경제 및 사회 전반의 혁명적 변화를 초래할 것으로 전망된다.

또한 제4차 산업혁명은 진정한 스마트시대(지능화+초연결)의 도래를 의미한다. 스마트시대는 각종 센서와 유무선 통신기술을

제4차 산업혁명의 동인이 되는 지능정보기술

개념	IoT	Mobile	Cloud & Big Data	A.I.	새로운 가치
	모든 기계·인간으로부터 **데이터 수집**		정보처리능력 고도화로 **데이터 축적 분석강화**	기계가 데이터를 빠르게 학습해 **새로운 지능정보가치 창출**	
	CCTV				스마트팩토리
	자동차		정보저장		자율자동차·스마트교통
	가전		정보처리	인공 지능	스마트홈
	의료건강				스마트 헬스케어
	기반시설		정보관리		스마트 인프라
특징	만물의 데이터화	실시간 반응	자율 진화		무인 의사결정

자료: 미래창조과학부

통한 현실과 디지털 세상의 컨버전스로 인해 삶의 편의성이 획
기적으로 개선되는 것을 의미한다. 따라서 제4차 산업혁명은 혁
신적인 기술의 융복합으로 인해 스마트카·스마트팩토리·스마트
홈·스마트시티·스마트농장·스마트그리드 등 스마트시스템 구

지능정보기술과 타 산업·기술의 융합 예시

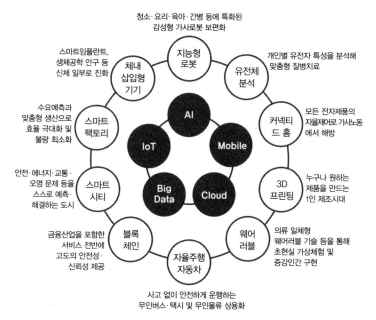

청소·요리·육아·간병 등에 특화된
감성형 가사로봇 보편화

스마트임플란트,
생체공학 안구 등
신체 일부로 진화

개인별 유전자 특성을 분석해
맞춤형 질병치료

수요예측과
맞춤형 생산으로
효율 극대화 및
불량 최소화

모든 전자제품의
자율제어로 가사노동
에서 해방

안전·에너지·교통·
오염 문제 등을
스스로 예측·
해결하는 도시

누구나 원하는
제품을 만드는
1인 제조시대

금융산업을 포함한
서비스 전반에
고도의 안전성·
신뢰성 제공

의류 일체형
웨어러블 기술 등을 통해
초현실 가상체험 및
증강인간 구현

지능형 로봇 / 유전체 분석 / 커넥티드 홈 / 3D 프린팅 / 웨어러블 / 자율주행 자동차 / 블록체인 / 스마트 시티 / 스마트 팩토리 / 체내 삽입형 기기

AI / IoT / Mobile / Big Data / Cloud

사고 없이 안전하게 운행하는
무인버스·택시 및 무인물류 상용화

자료: 미래창조과학부

축을 가능하게 할 것이며, 이 시스템 등으로 인해 기후변화 등 사회 전반적으로 다양한 문제에 대응할 수 있다.

결국 제4차 산업혁명은 기술 및 산업 간 융합을 통해 산업구조를 변화시키고 새로운 스마트비즈니스 모델을 창출시킬 것이다. 즉 IoT·클라우드 등 초연결성에 기반을 둔 플랫폼기술의 발전으로 O2O(Online to Offline), 공유경제(sharing economy), 온디맨드경제(on demand economy)의 부상은 소비자의 경험과 데이터 중심의 서비스 및 새로운 형태의 산업 간 협업 등으로 이어지면서, ICT와 초연결성에 기반한 새로운 스마트비즈니스 모델을 등장시킬 것이다. 또한 제4차 산업혁명의 주요 변화 동인이자 기술분야인 빅데이터·사물인터넷·인공지능 등의 기술개발 수준 및 주기 등을 고려할 때 향후 본격적인 상용화로 인해 새로운 시장이 나타날 것이다.

이러한 제4차 산업혁명시대 인간의 생활양식 변화는 노동시간 및 목적적 행위의 감소로 나타날 수 있다. 디지털기술의 고도화와 더불어 AI가 확산되면 인간의 물리적 노동뿐만 아니라 정신적 노동이 필요한 업무까지도 기계가 대신하게 되므로 당연히 노동시간의 감소가 이루어질 것이며, 빅데이터·인공지능·자율주행차 등을 통해 정보검색·쇼핑·운전 등을 기계가 대신하게 될 것이므로 인간의 목적 행위는 감소할 가능성이 높다.

잠재가치 선반영으로 관련 주식의 버블 가능성이 높다

한편 제4차 산업혁명은 축적된 데이터를 융합해 새로운 비즈니스 모델을 만들고 성장하는 것인데, 제3차 산업혁명시대에 등장한 구글·애플 등은 거대한 자본과 역량을 바탕으로 현재뿐만 아니라 미래의 주도권도 잡을 수 있을 것이다. 그러나 후발 기업들은 경쟁력을 잃어가고 있는 상황이다.

다른 한편으로는 제4차 산업혁명시대를 맞이해 변신중이다. 즉 전통 제조기업은 스마트팩토리 등 디지털 전환을 통해 생산

36

성과 효율성을 높이고 있으며, 제2차 산업혁명의 강자였던 GE는 방대한 발전 인프라 기반을 바탕으로 디지털 기술과 결합해 제품을 서비스화 하는 혁신을 만들어내면서 소프트웨어기업으로 변화하고 있다.

닷컴버블의 경우 향후 인터넷 보급 확대 등으로 인해 신규 비즈니스 증가 기대감 등이 선반영된 측면이 강했는데, 제4차 산업혁명의 경우도 사물인터넷·로봇공학·3D프린팅·빅데이터·인공지능 등의 주요기술로 인한 ICT 기반 융합 서비스의 잠재가치 등이 선반영되면서 버블이 나타날 가능성이 높아질 것이다. 특히 제4차 산업혁명의 무수히 많은 신기술과 패러다임을 융합해 고객가치 향상에 이바지할 것으로 예상되는 기업의 주가상승률이 높아질 것이다.

제2차 산업혁명의 상징 포드,
제4차 산업혁명의 상징 테슬라

제2차 산업혁명과 제4차 산업혁명을 각각 상징하는 포드와 테슬라의 시가총액이 역전되는 현상은 제4차 산업혁명이 한발 더 다가오고 있음을 의미한다. 미국 뉴욕 증시에 테슬라의 시가 총액은 2017년 4월 3일 100년 이상의 전통을 자랑하는 대형 자동

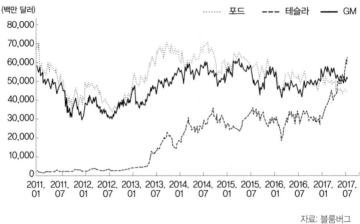

(백만 달러)

······ 포드　 --- 테슬라　 — GM

자료: 블룸버그

차업체인 포드의 시가총액을 추월한 이후, 그 격차를 더욱 벌리고 있다.

　제2차 산업혁명의 경우 1870년을 기점으로 포드가 도입한 컨베이어 벨트 생산체제가 그 상징이며, 이전과 달리 조립설비와 전기를 통한 대량생산이 가능해졌다. 반면에 제4차 산업혁명의 상징인 스마트팩토리는 공장자동화가 진화한 형태로 ICT와 제조업기술이 융합해 사물인터넷·빅데이터·클라우드 컴퓨팅·CPS 등을 통해 공장 내의 장비·부품들이 연결 및 상호소통하는 생산체계로, 최소비용과 최소시간으로 고객맞춤형 제품뿐만 아니라 다품종 복합(대량·소량)생산이 가능한 유연한 생산체계를 구현할 수 있다.

테슬라 전기차 공장에는 컨베이어 벨트가 없는 대신 조립로봇 160대가 차체를 들어 작업자에게 운반해 조립을 돕는다. 컨베이어 벨트 시스템은 한 번 설치하면 변경이 어렵고 고정비용이 많이 드는 데 반해 테슬라는 로봇을 활용함으로써 투자가 적고 변경이 쉬운 라인을 만들어냈다.

또한 테슬라의 전기차는 인터넷으로 네트워크 연결성을 가지고 있으므로 단순한 차량 주행정보뿐만 아니라 운전자의 개인 이력데이터까지 수집할 수 있다. 이 데이터를 소프트웨어 업데이트와 차량기능 개선에도 활용할 뿐만 아니라 소프트웨어 다운로드를 통해 수리도 가능하다. 따라서 테슬라 전기차는 강력한 소프트웨어를 탑재한 바퀴 달린 스마트폰으로 자동차와 정보기술을 융합한 혁신의 결과로써 제4차 산업혁명의 상징이 될 수 있을 것이다.

한편 근대산업변화를 상징하는 장면으로 마차와 자동차가 섞여 다니던 19세기 도로 풍경이 자주 언급된다. 즐비한 마차 대열 속에 한두 대 끼어 다니던 자동차가 도로를 완전히 뒤덮기까지 10년이 채 걸리지 않았다. 혁신에 기초한 변화는 기하급수 규모이자 불가역하다. 따라서 제4차 산업혁명의 상징인 전기차는 주변 기술과 기능의 진화이지 자동차 본연의 진화는 아니기 때문에 대중화는 그리 멀지 않았다.

FANG과 NVIDIA,
그리고 제4차 산업혁명

전 세계 금융시장의 중심인 미국에서는 제4차 산업혁명이 큰 이슈가 됨에 따라 제4차 산업혁명을 이끌고 있는 페이스북(Facebook), 아마존(Amazon), 넷플릭스(Netflix), 구글(Google) 등 이른바 'FANG'이라 불리는 미국의 신기술주 4인방이 주가지수 상승을 이끌고 있다.

이는 20세기 초 전기·철도·전화·철강 등이 사람들의 삶에 새로운 편리함을 주면서 거대한 부를 쌓는 독점 사업이었던 것처럼, FANG 같은 온라인 플랫폼은 21세기의 새로운 독점 형태로써 거대한 플랫폼을 빠르고 일사불란하게 움직이는 힘으로 작용하기 때문이다.

이와 더불어 FANG 기업들의 행보는 제4차 산업혁명 변화의 동인 지능정보기술인 사물인터넷·빅데이터·인공지능 등이 결합된 제품 및 서비스들을 선보일 뿐만 아니라 스마트카·스마트홈·스마트시티 등 스마트시스템 구축을 위한 관련 기업들의 M&A가 활발하게 진행되면서 성장성 등이 부각되고 있다.

한편 지금까지 데이터 처리는 CPU(Central Processing Unit, 중앙처리장치)가 주로 담당했고, GPU(Graphic Processing Unit, 그래픽처리장치)는 그래픽 관련 데이터 처리를 주로 담당했지만 사물인터넷·빅데이터·인공지능 같은 관련 서비스 등이 나타나면서 많은 양의 데이터를 동시에 처리하는 병렬처리능력이 뛰어난 GPU 수요가 급증하고 있다. 따라서 GPU를 설계하는 반도체 기업인 NVIDIA의 경우 GPU의 용도가 컴퓨터 화상처리에서 연산처리 고속화로 넓혀지면서 사업영역도 게임에서 고성능 컴퓨터·인공지능·자율주행으로 확대되었고, 실적이 빠르게 성장하면서 주가도 지속적으로 상승하고 있다.

이렇듯 FANG과 NVIDIA 등의 주가상승은 제4차 산업혁명이 이미 우리 앞에 다가와 있음을 입증하는 것이다. 아직 초기단계이기 때문에 향후에는 미국 등에 국한되는 것이 아니라 우리나라와 더불어 전 세계 제4차 산업혁명 관련 종목들의 상승이 본격화될 수 있을 것이다.

미국·독일 등 주요국의
제4차 산업혁명 관련 혁신정책

미국·독일·일본·중국 등 주요국들은 이미 민간뿐만 아니라 정부 주도로 제4차 산업혁명에 적극 대응하고 있다. 이러한 주요국의 정책에서 공통적으로 추구하는 것은 바는 물리 시스템(생산현장의 자동화, 센서나 IoT 등을 통한 자동적인 정보수집을 의미)과 사이버 시스템(수집된 데이터를 통합 관리하고 자율적으로 판단)의 결합이다. 플랫폼을 통해 물리 시스템과 사이버 시스템의 결합이 이루어지기 때문에 플랫폼을 활용하는 것이 무엇보다 중요하다. 이러한 플랫폼에 대한 접근은 새로운 비즈니스 창출을 가능하게 하므로, 아이디어를 가지고 있거나 소프트웨어 역량을 가진 창업자들에게 새로운 기회를 제공할 것이다.

미국은 제4차 산업혁명과 관련된 기술 중심의 '9대 전략기회 분야'를 선정하고 정부 중심으로 향후 민간이 주도할 혁신환경을 조성하는 것을 목표로 하고 있다. 9대 전략기회 분야는 첨단제조·정밀의료·두뇌·첨단자동차·스마트시티·청정에너지·교육기술·우주·고성능컴퓨팅을 포함하고 있다. 정부보다는 민간 주도의 산업발전을 추구하고 있는 미국의 혁신정책은 대부분 민간이 활동할 수 있는 영역의 인프라를 구축하는 형태로 진행되고 있다. 따라서 향후 몇 년 안에 위와 같은 전략 분야에서 유수의 스타트업기업과 중견기업들의 신제품·신서비스가 개발될 것이다.

제4차 산업혁명 관련 독일의 혁신정책은 인더스트리 4.0과 '플랫폼 인더스트리 4.0(Platform Industry 4.0)' 등이다. 인더스트리 4.0은 독일에서 4년마다 갱신하고 있는 '하이테크전략 2020(2010년)'의 10대 프로젝트 중 하나로, ICT를 활용해 스마트팩토리를 구현하는 것을 목표로 하고 있다. 또한 2015년부터 시작된 플랫폼 인더스트리 4.0에서는 기존의 인더스트리 4.0이 주로 연구개발 중심으로 이루어져 실질적인 표준화와 실용화가 많이 진행되지 못했다는 판단하에 빠른 표준화, 중소기업의 참여, 보안 강화, 관련 인력양성 강화 등을 추진하고 있다.

한편 일본은 '일본재흥전략'과 '과학기술이노베이션 종합전략' '로봇신전략' 등을 통해 제4차 산업혁명을 대비하고 있다. 일본재흥전략은 경제개발 계획으로, 2015년과 2016년 계획에는 사물인터넷·빅데이터·인공지능·로봇기술 등을 통해 2020년까지 30조 엔의 부가가치 창출을 목표로 하고 있다. 과학기술이노베이션 종합전략은 제조시스템을 혁신하기 위한 정책으로 제조 관련 모든 데이터를 네트워크 플랫폼으로 구축하고 관리하는 시스템을 구축하기 위한 시도라고 할 수 있다. 또한 로봇신전략의 경우는 로봇강국으로서의 일본의 경쟁우위를 지속하고 IoT기술과의 연계를 통한 사회문제해결을 목표로 하고 있다.

중국은 하드웨어 중심의 '중국제조 2025'와 소프트인프라 중심의 '인터넷플러스정책'을 통해 제4차 산업혁명을 대비하고 있다. 중국제조 2025의 경우 제조업의 종합경쟁력을 2025년까지 독일과 일본 수준으로 끌어올리는 것을 목표로 하고 있으며, 중국의 많은 하드웨어 기반 스타트업기업들이 제조 2025에 동참하고 있다. 인터넷플러스정책은 중국의 민간기업인 텐센트의 제안을 통해 수립된 정책으로 ICT기술을 기존 제조업에 적극 융합하고 활용하는 것을 목표로 하고 있다.

역대 정권의 신성장동력정책은
주가상승을 이끌었다

신성장동력을 마련하기 위한 정부정책들은 기업들의 성장을 위한 로드맵 역할을 해왔다. 특히 정권교체시마다 신성장동력도 함께 바뀌어왔는데, 이는 그 정부만의 고유한 특색을 나타내려고 하는 의도뿐만 아니라 세계 경제환경 및 정세변화 때문이다. 주식시장은 정부 주도하에 미래 성장동력 가치에 대해서는 항상 높은 밸류에이션을 적용하면서 관련 종목들의 주가상승을 이끌었다.

지난 1998년 취임한 김대중 정부는 IMF 위기를 극복하기 위해서 강력한 구조조정을 실시했으며, 1999년에는 세계적으로 IT 붐이 일어나면서 벤처육성을 통해 창업의욕을 고취시켰다. 특히 과학기술경쟁력 향상을 위한 '장기비전 2025'에서는 우선 사업으로 IT(Information Technology, 정보통신기술)·BT(Bio Technology, 생명공학기술)·NT(Nano Technology, 나노기술)·ST(Space Technology, 우주항공기술)·ET(Energy Technology, 에너지기술)·CT(Culture Technology, 문화기술) 등의 6대 기술 분야를 선정했다. 이에 초고속정보망을 조기에 구축했으며, 벤처활성화에 따른 다양한 기술을 기반으로 인터넷 사업자가 대거 등장해 서비스를 개시하면서 인터넷을 이용한 금융·주식·검색 서비스가 출현했

과거 신정부의 코스피 및 코스닥지수 추이

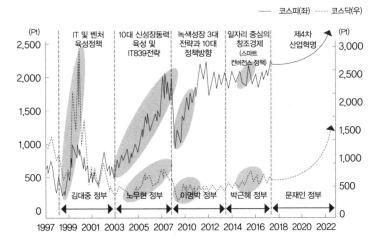

자료: 블룸버그

다. 따라서 코스닥시장 등이 크게 도약하면서 인터넷 및 정보통

신 관련주들이 주가상승을 주도했다.

　2003년에 취임한 노무현 정부는 전임 정부의 실책으로 불거

진 신용카드대란을 수습했으며 분배와 복지를 확대하면서 균형

발전을 중시했다. 또한 2003년 8월 국민소득 2만 달러시대를 이

끌 '10대 차세대 성장동력산업'으로 지능형 로봇, 미래형 자동차,

차세대 반도체, 디지털 TV·방송, 차세대 이동통신, 디스플레이,

지능형 홈네트워크, 디지털 콘텐츠·SW솔루션, 차세대 전지, 바

이오 신약·장기를 선정했다. 더불어 'IT839전략'을 수립해 인프

라·서비스·신성장동력사업 등을 추진했는데, 이때 인터넷 사용

자 3천만 명, 전자상거래 규모 300조 원을 돌파했다. 코스닥에서

노무현 정부의 10대 차세대 성장동력산업

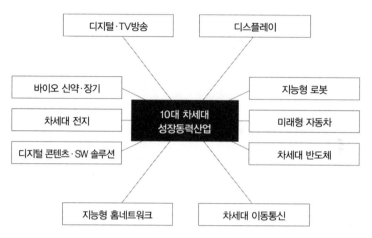

자료: 정부부처

는 이런 10대 차세대 성장동력산업 및 IT839전략과 관련된 종목들이 주가 상승을 이끌었다.

2008년에 취임한 이명박 정부는 미국발 금융위기 극복의 대안으로 '저탄소 녹색성장정책'을 주도하면서 신성장동력의 일자리 창출을 도모했다. 이에 따라 '녹색성장 5개년 계획'에서 3대 전략과 10대 정책방향 – 기후변화 적응 및 에너지 자립(효율적 온실가스 감축, 탈석유·에너지 자립 강화, 기후변화 적응역량 강화), 신성장동력 창출(녹색기술개발 및 성장동력화, 산업의 녹색화 및 녹색산업 육성, 산업구조의 고도화, 녹색경제 기반 조성), 삶의 질 개선과 국가위상 강화(녹색국토·녹색교통의 조성, 생활의 녹색혁명, 세계적인 녹색성장 모범국가 구현) – 을 추진했다. 따라서 태양광·풍력·바이오

이명박 정부의 녹색성장 3대 전략과 10대 정책방향

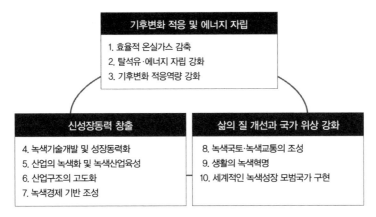

기후변화 적응 및 에너지 자립
1. 효율적 온실가스 감축
2. 탈석유·에너지 자립 강화
3. 기후변화 적응역량 강화

신성장동력 창출
4. 녹색기술개발 및 성장동력화
5. 산업의 녹색화 및 녹색산업육성
6. 산업구조의 고도화
7. 녹색경제 기반 조성

삶의 질 개선과 국가 위상 강화
8. 녹색국토·녹색교통의 조성
9. 생활의 녹색혁명
10. 세계적인 녹색성장 모범국가 구현

자료: 녹색성장위원회

에너지 등 신재생에너지를 비롯해 LED·연료전지·2차전지·그린카 등의 녹색성장정책과 관련된 종목들이 코스닥에서 주목받았다. 또한 통신과 방송결합에 따른 기회창출을 위해 인터넷전화와 IPTV 등을 전략적으로 육성하기 위한 법·제도 개선 등을 추진하면서, IT와 타 영역이 융합해 그린IT·건설IT·U시티 등의 새로운 돌파구를 찾고자 했다.

2013년에 취임한 박근혜 정부에서는 일자리 중심의 창조경제 달성을 위해 '스마트컨버전스정책'을 추진했다. 스마트컨버전스는 인프라가 고도화됨에 따라 ICT을 활용해 연관 서비스를 동시에 발전시키는 동태적·입체적 개념으로 플랫폼비즈니스로의 환경변화를 촉진시키고 있다. 또한 창조성과 혁신을 향상

박근혜 정부의 13대 미래성장동력(9대 전략산업, 4대 기반산업)

	주력산업 고도화	미래신시장 선점	복지·산업 동반육성
9대 전략산업 (Growth Engine)	• 5G이동통신 • 심해저 해양플랜트 • 스마트카	• 지능형 로봇 • 착용형 스마트기기 • 실감형 콘텐츠	• 맞춤형 웰니스 케어 • 재난안전관리 스마트 시스템 • 신재생에너지 하이브리드 시스템

4대 기반산업 (Platform)	지속 성장 기반 조성	지능형 반도체	융복합 소재	지능형 사물인터넷	빅데이터

자료: 미래창조과학부

시키는 중·장기적 접근으로 단순 컨버전스형 패러다임을 넘어서는 새로운 스마트컨버전스형 산업생태계 형성에 주력해 경제 성장률과 고용률을 동시에 증가시킬 수 있는 경제 운영방식으로의 변화를 추구했다. 이에 대한 실천방안으로 9대 전략산업(지능형 로봇, 스마트카, 웨어러블 스마트기기, 재난안전관리 스마트시스템, 맞춤형 웰니스 케어, 5세대 이동통신, 해양플랜트, 실감형 콘텐츠, 신재생 에너지 하이브리드 시스템) 및 4대 기반산업(지능형 반도체, 미래 융복합 소재, 지능형 사물인터넷, 빅데이터)인 '13대 미래성장동력'을 선정했다. 따라서 이와 관련된 종목들이 주식시장에서 주목을 받았다.

문재인 정부의 신성장동력정책은
제4차 산업혁명이다

제4차 산업혁명시대의 흐름에 뒤처지는 국가나 기업은 미래 성장동력을 상실할 것으로 우려되면서 이를 뒷받침할 정책의 중요성도 높아지고 있다. 따라서 성장이 정체되어가는 전통산업의 재도약과 더불어 새로운 시장을 발굴하기 위한 신성장동력으로 제4차 산업혁명이 문재인 정부의 집권기간 동안 최대 화두가 될 전망이다.

문재인 대통령은 신성장동력정책인 제4차 산업혁명과 관련한 주요공약으로 '제4차 산업혁명의 플랫폼' '스마트코리아 구현' '혁신 창업국가 구현', 제4차 산업혁명의 기반인 'ICT르네상스 실현' '고부가가치 창출 미래형 신산업 발굴 및 육성' 등을 제시했는데, 이는 곧 혁신적 경제생태계 구축을 통한 '좋은 일자리 창출'이 목적이다. 이에 대해 2017년 8월 16일 국무회의에서 '제4차 산업혁명위원회의 설치 및 운영에 관한 규정(대통령령)'을 심의·의결했으며, 9월 26일 위원회 설치를 완료해 2017년 말까지 제4차 산업혁명 대응 범부처 종합대책 마련을 추진할 계획이다.

구체적으로 제4차 산업혁명을 선도하기 위한 국정과제로는 소프트웨어 강국 및 ICT르네상스로 제4차 산업혁명 선도 기반 구축, 고부가가치 창출 미래형 신산업 발굴 및 육성, 자율과 책임의

문재인 대통령의 제4차 산업혁명 관련 세부 공약 및 내용

세부공약	주요내용
제4차 산업혁명의 플랫폼과 스마트코리아 구현	• 대통령 직속 제4차 산업혁명 위원회 설치 • 스마트코리아 구현을 위한 민관 협업체계 구축
혁신 창업국가 구현	• 신생기업에 대한 자금 및 판로 지원 확대 • 벤처기업과 중소기업 성장을 가로막는 규제 개혁 • 인공지능이 꽃 피울 수 있도록 공공데이터 규제 해소 • 공공 서비스 스타트업 창업 지원 • 국토공간정보 등 공공정보의 무료 제공을 통한 창업 지원 • 소프트웨어 창업기업 대상 법인세 유예 등 대대적인 지원
제4차 산업혁명의 기반인 ICT르네상스 실현	• 제4차 산업혁명의 핵심사업 및 기반기술 지원 육성 • 제4차 산업혁명의 시대요구에 부응하는 미래 인재 양성 • 제4차 산업혁명을 선도하기 위한 범정부 차원의 정책 혁신 체계 구축 • ICT강국을 상징하는 스마트시티 조성 확산 • ICT 기반 융합 콘텐츠 비즈니스 생태계 구축 • ICT시장 및 ICT 기반 융합시장 활성화를 위한 법제 및 규제 체계 개선 • 정부 ICT R&D에 대한 전략 및 역할 재정립 • 견고한 ICT생태계 구축을 위한 지원 강화 • 인프라투자 혁신 체계 수립을 통한 ICT 인프라 고도화 • 미래 시장개발 촉진을 위한 시장기업 성장요건조성 강화 • 글로벌 경쟁력을 갖춘 소프트웨어 및 플랫폼 역량 강화 사업 추진 • 정보통신 시장참여자 간 규제 형평성 확보를 위한 공정 경쟁 및 상생환경 구축 • 산업 간 융합을 위한 진입과 M&A·회계 규제 완화 • 정부 업무의 지능화 및 효율화를 통한 국민을 섬기는 스마트한 정부행정 실현 • 시장활성자로서 정부의 역할 재정립
고부가가치 창출 미래형 신산업 발굴 및 육성	• 전후방 산업 연관 효과가 큰 미래형 친환경·스마트카 육성 • 기후변화협약 등 온실가스 감축에 대응할 신재생에너지산업 육성 • 융복합 글로벌 테스트베드 기반 구축 및 융복합 신산업 기반의 고부가가치 첨단기술산업 육성 • 제약·바이오·의료기기산업 육성 • 한국형 자율협력주행 스마트하이웨이 시스템 고도화 및 확산 • 드론산업 육성

자료: 19대 대통령 선거 당시의 더불어민주당 정책 공약집

과학기술 혁신 생태계 조성, 청년 과학자와 기초연구지원으로 과학기술 미래 역량 확충, 친환경 미래 에너지 발굴 및 육성, 주력산업 경쟁력 제고로 산업경제의 활력 회복 등을 제시했다.

먼저 소프트웨어 강국 및 ICT르네상스로 제4차 산업혁명 선도 기반 구축에는 5G·IoT 네트워크 인프라 구축, 데이터 개방 및 유통 활성화, 스마트홈·정밀의료 등 ICT융합 서비스 발굴 및 확산 등이 있다. 이에 대해 2017년 IoT 전용망 구축, 2018년 10기가 인터넷 서비스 상용화, 2019년 5G 조기 상용화를 목표로 하고 있다.

고부가가치 창출 미래형 신산업 발굴 및 육성의 경우는 전기차·수소차 획기적 보급 확대, 자동차-ICT융합 플랫폼 구축 등 스마트카 개발 및 자율주행차산업 육성뿐만 아니라 지능형 로봇, 3D프린팅, 증강현실, 가상현실, IoT가전, 스마트선박, 나노·바이오, 항공·우주 등 첨단기술산업 육성을 위해 R&D 및 실증·인프라 구축 지원 등이 있다. 또한 제약·바이오·마이크로 의료로봇 등 의료기기산업 성장 생태계를 구축할 예정이다.

제4차 산업혁명에 대응하기 위한 3단계 계획

향후 5년간 제4차 산업혁명을 대응하기 위한 계획은 3단계로 나뉜다. 먼저 2018년까지 1단계 기간에는 제4차 산업혁명을 추진할 수 있는 기반 구축에 집중한다. 즉 제4차 산업혁명 위원회 주도 아래 5G 시범 서비스, IoT 전용망 구축, ICT 신산업 규제 샌드박스 등으로 체질 개선부터 정비하겠다는 뜻이다.

이후 2019년부터 2020년까지 각 분야별 신산업 육성에 본격적으로 나선다. 이 시기에 5G주파수를 공급하고 5G통신 상용화를 실현한다는 계획이다. 이와 더불어 차세대 사회보장 시스템과 지능형 정책지원 시스템 구축도 2단계 이행목표에 포함되는 부분이다.

2022년까지 마지막 3단계에는 본격적인 성과를 창출한다는 목표다. 구체적으로 공공과 민간 분야 ICT 융합 서비스 발굴 목표를 총 50종으로 정했다. 지능정보 핵심기술수준은 현재 선진국 대비 75%선에서 90%선으로 빠르게 따라잡는다는 계획이다. 소프트웨어기술력도 강화해 글로벌 소프트웨어 전문기업도 만들어낸다는 목표다.

그동안 신정부가 출현할 때마다 나타난 수많은 위원회들은 홍보성 이벤트 개최에만 여념이 없었으며, 부처 간의 협업이 부족했다. 따라서 제4차 산업혁명 위원회에서는 범국가적 차원의 아젠다 설정과 로드맵을 마련해 다수 부처가 관련되어 있는 새로운 정책과제를 통합하면서 어려운 규제 개혁 추진, 총괄조정을 수행하는 등 실질적인 컨트롤 타워가 되어야 한다.

이와 더불어 중소기업청을 중소벤처기업부로 확대 신설해 중소기업과 혁신창업기업을 육성할 예정이며, 연구개발을 위해 기

초연구에 장기 투자할 방침이다. 이를 위해 민간의 부동자금을 벤처기업 지원으로 끌어들일 수 있도록 엔젤투자 활성화 방안을 마련하고, 기술집약적 벤처기업 육성을 위해 기존의 기술금융체계를 보다 발전시키는 한편 자본시장의 역할이 강화될 수 있는 방안도 검토되어야 한다.

제4차 산업혁명 관련주의 경우 미래 성장동력 가치에 대해 높은 밸류에이션 적용이 가능할 것이므로 관련 종목들의 주가상승이 예상된다. 물론 그런 주가수준이 버블을 만들 수는 있으나 오히려 그런 버블이 그 산업에 대한 투자를 일으켜 선순환 구조로 되면서 그 산업이 괄목상대하는 계기가 될 수 있을 것이다. 지금과 같은 정권초기에는 문재인 정부의 신성장동력정책인 제4차 산업혁명 등에 더욱 주목해야 할 것이다.

제4차 산업혁명시대에
돈 되는 주식은 따로 있다

제4차 산업혁명시대에는 융합을 통한 디지털 혁신으로 새로운 가치창출이 가능해지면서 기업가치가 상승할 수 있을 것이다. 즉 사물인터넷·빅데이터·인공지능 등으로 인해 과거에는 가능하지 않았던 새로운 융합 비즈니스 모델들이 만들어질 뿐만 아니라 이

제4차 산업혁명 관련 투자 유망주

구분	투자유망종목
지배구조 및 융합플랫폼	엔씨소프트, 카카오, NAVER, Alphabet, Amazon, Facebook, Netflix 등
스마트카	에코프로, 엘앤에프, 일진머티리얼즈, 포스코켐텍, LG화학, 삼성SDI 등
	삼화콘덴서, 우리산업, MDS테크, 해성디에스, 유니퀘스트, 한라홀딩스, BYD 등
스마트팩토리	SK, 에스엠코어, LS산전, 포스코ICT, Siemens, Mitsubishi Electric, Rockwell Automation, Fanuc 등
통신 인프라	SK텔레콤, KT, LG유플러스, 대한광통신, 오이솔루션, 케이엠더블유, 이노와이어리스, 엔텔스 등
블록체인	삼성에스디에스 등
의료용 로봇	고영, Intuitive Surgical 등
지능정보기술 (IoT·빅데이터·AI)	삼성전자, 더존비즈온, 효성ITX, 유비벨록스, 아이콘트롤스, 지니뮤직, 에스원, NHN한국사이버결제, NVIDIA 등
바이오헬스	코오롱, 오스템임플란트, 비트컴퓨터 등

러한 융합 비즈니스 모델들이 산업의 경계를 무너뜨리고 기업의 성패를 가르면서 새로운 기업가치 창출로 이어져 한 단계 레벨 업이 가능할 것이다.

사물인터넷·빅데이터·인공지능 등 디지털기술이 발전하면서 사람과 사람 간의 연결뿐만 아니라 사물과도 연결이 쉬워지면서 네트워크가 확대되고 있다. 이런 네트워크는 속성상 어느 일정 시점에 도달하게 되면 승수효과가 발생하게 되는데, 특히 모든 기기와 장소·사람까지도 연결된 네트워크효과의 가치는 급격히 증가할 수 있을 것이다. 제4차 산업혁명시대에는 이러한 네트워크효과의 잠재적 가치증가로 인해 기업가치가 상승하는 것이다.

더군다나 기존 산업 간의 경계가 모호해지고 전통산업 간의 장벽이 무너지는 산업 간 융합으로 인해 기업들의 인수·합병이 활발하게 진행중이다. 즉 기술 및 새로운 비즈니스를 M&A를 통해 획득함으로써 시너지효과로 인한 기업가치가 창출될 것이다. 따라서 기존 제조산업이 IT산업에 기업을, IT산업이 기존 제조산업에 기업을 M&A하게 됨에 따라 기존 기업가치 잣대가 아닌 인수하는 기업의 시너지효과에 따라서 기업가치가 달라질 수 있는 것도 기업가치를 상승시키는 요인이 될 수 있다.

또한 사물인터넷·빅데이터·인공지능 등 혁신적인 기술의 발전은 소비자의 행동방식을 변화시키고, 이에 따라 신규시장이 출현하거나 산업이 진화함에 따라 산업은 플랫폼비즈니스와 서비스업으로 재편되고 있다. 이와 같은 혁신은 단순한 생산성 증대를 의미하는 것이 아니라 많은 물건을 적은 인력으로 빨리 만들어서 고객의 가치를 증진시키는 것을 의미하며, 이는 곧 기업가치의 상승으로 이어질 것이다.

결국 제4차 산업혁명 관련주의 경우 융합 비지니스 모델 네트워크효과의 잠재적 가치증가 및 높아진 M&A 수요뿐만 아니라 고객의 가치증진 가능성 등으로 인해 높은 밸류에이션 적용이 가능할 것이므로 관련 종목들의 주가상승이 예상된다.

THE FOURTH INDUSTRIAL REVOLUTION

PART 2

제4차 산업혁명과
융합 빅데이터 플랫폼,
그리고 지배구조

제4차 산업혁명으로 패러다임이 변화되는 환경하에서 구글은 기존 모바일 플랫폼 대신에 융합신산업을 적극적으로 주도하기 위해 지난 2015년 사업구조를 개편했다. 즉 지난 2015년 8월 출범한 지주회사 알파벳(Alphabet)은 구글의 기존 모바일 플랫폼 서비스들을 구글의 하위 단으로 모으고, 현재 상용화가 가능한 사업들은 개별 자회사로 독립시키고, 미래 상용화가 가능할 것으로 예상되는 사업들은 '구글 X'라는 자회사 아래로 편입시켰다.

사업구조 개편으로 융합신산업의 기술개발에서 상용화에 이르기까지 다각적이고 유연한 대응이 가능해짐으로써 융합신산업 미래전략을 준비할 수 있을 뿐만 아니라 투명성 강화 및 집중화를 이룰 수 있게 되었다. 즉 혁신과 변화를 수용해 유연하게 대응함에 따라 알파벳 주가도 출범 이후 지속적인 상승흐름을 이어가고 있다.

이와 같은 지주회사 구조는 효율적으로 자산을 배분할 수 있고, 독립적이고 빠른 의사결정을 가능하게 하기 때문에, 다양한 사업을 효율적으로 추진하기 위한 새로운 기업 경영 체계로 자리잡을 수 있을 것이다.

한편 제3차 산업혁명 시기에 성장한 엔씨소프트·카카오·NAVER의 경우 자산과 조직이 비대하게 커져서 신성장동력 사업에 대한 투자를 비롯해 대처능력 및 의사결정 등이 느려질 수 밖에 없을 것이다. 더군다나 제4차 산업혁명인 초연결성 지능화 융합시대를 맞이해 역량을 확충해야 하기 때문에, 인적분할을 통해 지주회사로 전환하게 되면 효율적인 자산 배분은 물론 투자 활성화 및 경영 투명성 등으로 도약의 발판을 마련할 수 있을 것이다. 이렇게 되면 구글의 사례와 같이 엔씨소프트(뛰어난 IP를 가지고 모바일게임 성장), 카카오(O2O 확대), NAVER(비즈니스 확대) 등의 기업가치가 한 단계 레벨업하는 계기가 될 것이다.

또한 현재의 플랫폼에는 우리의 생활과 밀접한 온·오프라인의 모든 상황 데이터가 축적되고 있다. 따라서 향후에는 다양한 서비스나 기술들이 모여서 최적의 구조를 가진 융합 빅데이터 플랫폼으로서 엔씨소프트, 카카오, NAVER 등이 부상할 수 있을 것이다.

제4차 산업혁명 대응전략으로
지배구조를 개편한 구글

제4차 산업혁명으로 패러다임이 변화되는 환경에서 구글은 기존 모바일 플랫폼 대신 융합신산업을 적극적으로 주도하기 위해 지난 2015년에 지배구조를 개편했다. 즉 지난 2015년 8월에 출범한 지주회사 '알파벳(Alphabet)'은 구글의 기존 모바일 플랫폼 서비스들을 구글의 하위 단으로 모으고, 현재 상용화가 가능한 사업들은 개별 자회사로 독립시키며, 미래 상용화가 가능할 것으로 예상되는 사업들은 '구글 X(Google X)'라는 자회사 아래로 편입시켰다.

지배구조 개편으로 구글의 주력사업이던 구글서치·유튜브·앱스·지도·광고·메일·크롬 등은 자회사 구글의 자회사로 편입되었다. 초고속 광대역 인터넷사업부인 '액세스 앤드 에너지(access & energy)', 초기단계 벤처기업 투자회사인 '구글 벤처(GV; Google Ventures)', 후기단계 벤처투자를 지원하는 '구글 캐피털(Google Capital)' 등 벤처투자와 네트워크 관련 사업부들은 자회사로 독립했다.

또한 혁신적인 융합기술을 기반으로 다양한 산업에 진출하기 위한 전략의 일환으로 암·노화 관련 치료제를 개발하는 '칼리코(Calico)', 헬스케어사업을 담당하는 '버릴리(Verily)', 스마트홈 서비스를 위한 '네스트(Nest)', 스마트시티 관련 '사이드워크랩(Side Walk Labs)', 무인자동차 서비스 '셀프 드라이빙카(Self-driving Car Project)', 자율주행 시스템 개발 관련 '웨이모(Waymo)', 그리고 구글 X라고 일컬어지는 프로젝트 자회사가 있다.

구글 X는 현재 상용화는 어렵지만 미래의 먹거리가 될 가능성이 있는 기술을 발굴하고 서비스와 접목하는 인큐베이팅(incubating) 과정을 거쳐, 그 결과에 따라 생명과학 프로젝트 같은 일반 사업부로 분사되거나, 콘텍트렌즈 프로젝트 같이 매각되거나 소멸되는 단계를 거치게 된다.

구글 X에서 다루는 주요 프로젝트로는 '로봇 관련(replicant)',

알파벳의 지배구조

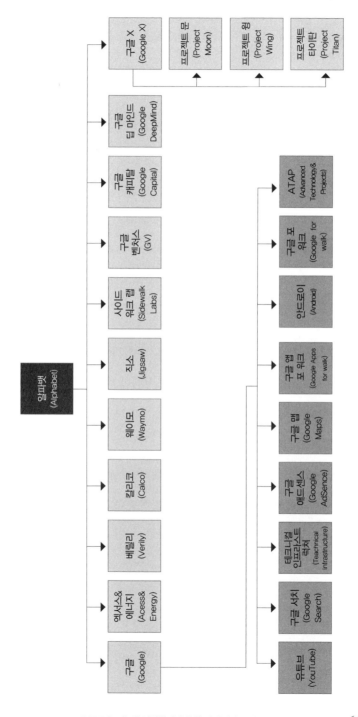

자료: 알파벳

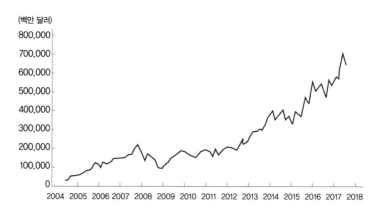

자료: 블룸버그

'무인자동차(self-driving car)', 글로벌 와이파이 구축 관련 '프로젝트 룬(project loon)', 드론을 통한 저렴한 배송 서비스 '프로젝트 윙(project wing)'과 '구글 글래스(google glass)' 등이 포함되어 있다.

결론적으로 사업구조 개편으로 인해 융합신산업의 기술개발에서 상용화에 이르기까지 다각적이고 유연하게 대응이 가능해짐으로써 융합신산업 미래전략을 준비할 수 있을 뿐만 아니라 투명성 강화 및 집중화를 이룰 수 있게 되었다. 즉 혁신과 변화를 수용해 유연하게 대응함에 따라 알파벳 주가도 출범 이후 지속적인 상승흐름을 이어가고 있다. 이와 같은 지주회사 구조는 효율적으로 자산을 배분할 수 있고, 독립적이고 빠른 의사결정을 가능하게 하기 때문에 다양한 사업을 효율적으로 추진하기 위한 새로운 기업경영체계로 자리잡을 수 있을 것이다.

초연결 융합 빅데이터 플랫폼이
강력히 떠오른다

플랫폼은 산업이나 비즈니스의 형태가 다를지라도 저장·공유·협업이 가능한 공간이나 기반을 의미하며, 산업사회에서는 생산을 기반으로 소비자와의 연결을 위한 교통 요충지 역할을 했다. 현재는 모든 정보와 콘텐츠 등이 네트워크나 주변의 단말장치에 공통으로 연결되어 있어서 플랫폼을 통해 고객에게 콘텐츠 또는 서비스를 제공하고 있다.

플랫폼비즈니스는 다수의 공급자와 수요자를 연결하는 네트워크 구조다. 플랫폼비지니스에서는 소비자 확대가 공급자의 증가로 이어지고 이는 다시 소비자 유인으로 이어지면서 한쪽의 성장이 다른 쪽의 성장을 견인하는 선순환인 이른바 '교차 네트워크효과'가 발생한다.

제4차 산업혁명시대에는 사물인터넷(IoT)·빅데이터(Big Data)·인공지능(AI)등 기술융합을 토대로 한 산업의 경계 붕괴와 새로운 혁신 서비스가 나타나고 있을 뿐만 아니라 기술과 기술의 연결이 증가하면서 연결을 확대하는 플랫폼이 늘어나고 그 가치들이 점점 확산되고 있다. 이와 같은 기술 융합으로 인해 전통적인 산업과 시장의 경계가 파괴되면서 가치사슬의 재구성으로 플랫폼 경쟁이 확대되고 있을 뿐만 아니라 네트워크 중심의 플랫폼에서 사용자 중심의 플랫폼으로 변화되고 있다.

결국에는 기술 기반인 AI·IoT·빅데이터 등의 적용을 통해 기존 서비스의 품질을 향상시킬 뿐만 아니라, 온라인과 오프라인을 아우르는 초연결 융합 플랫폼으로 진화하는 것이다. 따라서 초연결사회의 도래로 인해 전통적인 가치사슬을 재편하는 다양한 서비스가 역동적으로 개발되어 각 산업에서의 제품 및 서비스 자체가 가진 경쟁력보다는 이들을 연결해주면서 새로운 가치를 창출하는 플랫폼비즈니스의 중요도가 지금보다 훨씬 더 중요해질 것이다.

또한 기존의 제1~3차 산업혁명은 제조업에 국한된 부분이 많았지만, 제4차 산업혁명은 제조업에 정보통신기술을 융합해 새로운 생태계를 창출하기 때문에 다양한 플랫폼으로 등장할 것이다. 즉 콘텐츠에 대한 접근 창구가 다양화되면서 향유의 영역이 확장될 뿐만 아니라 소재(IP) – 창작자 – 제작 – 유통 – 이용 등 콘텐츠 가치사슬 요소의 전방위적 결합과 콜라보레이션 확산에 따른 신규 영역이 창출될 것이다. 따라서 콘텐츠 IP(Intellectual Property, 지적재산)를 가지고 있는 기업들의 경우, 콘텐츠 활용도와 확장성 측면에서 승수효과가 발생할 수 있으므로 성장의 발판을 마련할 수 있을 것이다.

융합 빅데이터 플랫폼의 부상

한편 제4차 산업혁명이 가져온 변화는 온라인과 모바일을 중심으로 사고하고 행동하는 소비자 주도의 혁명적 변화를 이끌어내면서 다수의 공급자와 소비자가 기업조직이 아닌 네트워크로 연결된 공유 플랫폼 등장에 있다. 이들 플랫폼은 거래장터에 그치지 않고 결제 시스템과 함께 이용자 평가에 기초한 정보와 신뢰를 제공하며 다양한 부가가치를 창출한다. 택시 한 대 없이 세계 최대 택시기업이 된 '우버(Uber)'나 숙박공유기업 '에어비앤비(Airbnb)'에서 보듯이 다수의 소비자와 공급자가 자유롭게 참여하는 개방·공유 플랫폼의 중요성이 커지고 있다.

또한 인터넷 기반에서의 최상위 플랫폼으로는 검색·쇼핑·게임 등이 있는데, 그동안 대부분의 기업들은 각 온라인 플랫폼의 특징 때문에 독자적인 길을 걸어왔다. 하지만 서로의 융합에 성공해 온라인 플랫폼을 장악한 기업이 이제는 오프라인 플랫폼까지 장악하기 시작했다.

2016년 12월 미국 최대 온라인 쇼핑몰인 아마존은 '아마존 고(Amazon Go)'라는 오프라인 식료품 편의점을 개장했다. 아마존 고는 계산대에서 따로 결제할 필요 없이 상품을 집으면 자동결제가 되는 것이 특징이다. 일반 마트와 달리 입장할 때 소비자가 아마존 고 애플리케이션을 구동하고 물건을 고르면 퇴장할 때 자동으로 결제가 되는 시스템이다. 집었다가 내려놓은 상품은 구매 목록에서 삭제되며, 결제를 위해 따로 줄을 서지 않아도 되므로 쇼핑시간이 절약된다. 이에 대한 연장선상에서 아마존은 2017년 6월 미국의 유기농 식품 유통업체 홀푸드를 137억 달러에 인수해 460여 개 지점을 이용하는 오프라인시장 융합모델을 완성단계에 올려놓았다.

이렇듯 지금까지 플랫폼을 가진 기업들은 영역 간의 칸막이효과가 없어지면서 더욱 개방적으로 연결·공유되며, 수평적이고 고객의 선택의 폭은 점점 더 넓어지고 있다. 열린 경쟁에서 경쟁은 가속화되며 빠르게 변화하고 있지만 그 방향은 더욱 세분화된 지배력을 가진다는 특징이 있다.

이러한 환경에서 현재의 플랫폼에는 우리의 생활과 밀접한 온라인과 오프라인의 모든 상황 데이터가 축적되어가고 있으므로, 향후에는 다양한 서비스와 기술들이 모여 최적의 구조를 가진 융합 빅데이터 플랫폼이 부상할 것이다. 사물을 지능화시키는 IoT 플랫폼도 한 예가 될 것이다. 따라서 현재 데이터를 축적할 수 있는 기업이 향후 융합 빅데이터 플랫폼에서 보다 유리한 위치에 설 수 있을 것이다.

제4차 산업혁명시대,
지배구조 변환을 통한 성장 도모

지배구조는 좁게는 자본을 중심으로 한 기업의 소유구조를 뜻하지만 넓게는 다양한 이해관계자들이 기업경영을 통제하기 위한 제반제도와 환경까지를 의미한다. 지배구조는 자본시장의 발달 정도, 자금조달구조, 법률적 체계 등에 따라 국가별로 상이한 모습을 보이지만, 바람직한 지배구조가 기업이 경제적·사회적 책임을 다하며 지속가능경영을 추구하기 위한 전제조건임에는 틀림없다. 즉 바람직한 지배구조는 기업이 수익을 창출하고 사회적 책임을 다하는 원동력이 되며, 향상된 성과는 다시 지배구조의 개선을 위해 노력할 수 있는 역량으로 연결되어 지배구조와 기업의 성과가 동시에 향상되는 선순환구조를 만든다.

제3차 산업혁명은 정보기술(ICT)의 발전으로 인한 디지털 혁명으로 정보화자동화 체제가 구축되면서 다른 분야의 기술이 결합 혹은 융합되는 현상이 가시화되기 시작했으며, 더 나아가 정보기술은 계속해서 다른 기술과의 연결을 확장하는 양상을 보였다. 이러한 환경에서 벤처 붐을 통해 구글·애플·아마존·엔씨소프트·다음·NHN 등의 소프트웨어기업이 탄생했다.

초고속망 보급 및 각종 인터넷 서비스 등으로 인해 인터넷 대중화의 촉매제가 됨에 따라 엔씨소프트·다음·NHN 등이 플랫폼화되면서 성장하기 시작했다.

지난 2010년에 들어서면서 모바일산업은 기존 통화가 중시되었던 휴대폰에서 스마트폰 등으로 진화되었으며, 이에 따라 무선 인터넷 기능이 강화되면서 개인 컴퓨터 환경도 PC에서 모바일 단말기 중심으로 이동하게 되었다. 이렇듯 아이폰을 필두로 한 스마트폰의 성장은 PC가 아니더라도 언제든지 확인하고 소통할 수 있는 소셜 네트워크 서비스 확산에 기폭제가 되었다. 이로 인해 페이스북·트위터·카카오·라인 등으로 대변되는 소셜 네트워크 시대가 시작되었다. 이를 계기로 지난 2013년 NHN은 NAVER와 NHN엔터테인먼트로 인적분할했으며, 2014년에는 카카오와 다음이 합병했다.

엔씨소프트·카카오·NAVER 등은 지배구조 변환이 필요한 시기

이렇듯 제3차 산업혁명으로 인해 성장한 엔씨소프트·카카오· NAVER의 경우 현재는 자산과 조직이 비대하게 커져서 신성장 동력사업에 대한 투자를 비롯해 대처능력 및 의사결정 등이 느려질 수밖에 없을 것이다.

더군다나 제4차 산업혁명인 초연결성 지능화 융합시대를 맞이해 역량을 확충해야 하기 때문에 인적분할을 통한 지주회사로 전환하게 되면 효율적인 자산배분은 물론 집중화를 통한 투자 활성화 및 경영 투명성 등으로 도약의 발판을 마련할 수 있을 것이다.

이렇게 되면 구글의 사례와 같이 엔씨소프트(뛰어난 IP를 가지고 모바일게임 성장), 카카오(O2O 확대), NAVER(비즈니스 확대) 등의 기업가치가 한 단계 레벨업하는 계기가 될 것이다.

한편 태생적으로 벤처에서 출발한 기업의 경우, 창업자이자 오너의 지분율이 낮은 지배구조는 경영권이 쉽게 위협받을 수 있을 뿐만 아니라 장기 성장에 주력할 역량을 확보하기가 쉽지 않다. 하지만 벤처에서 출발한 구글·아마존·페이스북 등 글로벌 IT기업들의 지배구조는 창업자가 충분한 의결권을 가지고 있어서 상당히 안정된 지배구조를 가지고 있다.

엔씨소프트·카카오·NAVER 등의 주주구성을 살펴볼 때, 대주주의 지분율이 취약하기 때문에 지배구조 변환의 니즈는 더욱더 커질 수 있을 것이다. 무엇보다 장기성장에 주력할 역량을 확보해야 한다는 측면에서 대주주 지분 확대가 필요하다. 제3차 산업혁명 환경에서 성장했던 엔씨소프트·카카오·NAVER 등이 제4차 산업혁명시대를 맞이해 지배구조 변환으로 융합 빅데이터 플랫폼 등 성장도약의 발판을 마련하는 것이 그 어느 때보다도 필요한 시기다.

어떤 주식을 사야
돈을 벌 수 있을까?

엔씨소프트(036570), 카카오(035720), NAVER(035420), Alphabet(GOOGL. US),
Amazon(AMZN. US), Facebook(FB. US), Netflix(NFLX. US)

엔씨소프트 (036570)

• MMORPG 등 온라인 및 모바일 게임개발 전문업체다.

• 지배구조 개선 및 자체 IP를 활용한 모바일 게임을 통해 제2의 도약을 할 것이다.

• 2017년 7월 10일 기준으로 엔씨소프트 주주구성을 살펴보면 김택진 사장 12.0%
를 비롯해 국민연금 11.8%, 넷마블게임즈 8.9%, 슈로더 인베스트먼트 5.0%, 자사
주 3.1%, 기타 59.2% 등이다. 지난 2015년에는 넥슨과의 경영권 분쟁도 겪었을 뿐
만 아니라 국민연금이 엔씨소프트 주식을 조금 늘리거나 줄이는 것에 따라 최대주
주가 수시로 바뀌는 지배구조의 취약성을 가지고 있다.

• 자체 IP를 활용한 모바일 게임을 통해 제2의 도약을 맞이한 엔씨소프트에게는 장
기성장에 주력할 역량을 확보하기 위해서 어느 때보다 지배구조개선이 필요한 시
기다.

• 제4차 산업혁명시대 콘텐츠 IP를 가지고 있는 기업들의 경우 콘텐츠 활용도 및 확
장성 측면에서 승수효과가 발생할 수 있으므로 성장의 발판을 마련할 수 있을 것

이다. 즉 엔씨소프트는 짧게는 5년, 길게는 19년씩 지금도 서비스 되고 있는 온라인 게임의 IP를 가지고 이를 순차적으로 모바일 게임을 통해 구현하면서 제2의 도약이 가능할 것이다.

- 특히 모바일 게임의 장르가 처음에는 캐주얼·퍼즐게임 중심으로 인기를 모으다가 이후 RPG 등이 각광을 받았으며, 향후에는 디바이스와 네트워크의 발달 등으로 인해 MMORPG가 인기를 얻을 것으로 전망됨에 따라 엔씨소프트의 모바일 게임 성장성은 더욱더 높아질 수 있다.

카카오 (035720)

- 인터넷 및 모바일 플랫폼 전문업체다.

- 분사를 통한 사업지주회사로서의 역할 증대로 O2O사업이 강화된다.

- 2017년에 기존 사업부문의 분사를 통해 사업지주회사로서의 역할을 증대시켰다. 즉 2017년 2월과 3월에는 인공지능기술개발과 투자를 전담하는 '카카오브레인'과 공동 주문생산 플랫폼인 '카카오메이커스'를 각각 자회사로 별도 설립했을 뿐만 아니라 2017년 4월 간편결제사업을 담당하는 '카카오페이'와 2017년 5월 카카오택시를 운영하는 '카카오모빌리티'를 분사했다.

- 카카오모빌리티는 카카오택시의 법인 전용 서비스 출시 등을 조건으로 세계 5대 PEF 운용사인 텍사스퍼시픽그룹(TPG)이 주도하는 컨소시엄으로부터 5천억 원을 투자받았으며, 카카오페이는 중국 알리바바 자회사인 앤트파이낸셜로부터 2억 달러를 투자받았다. 카카오모빌리티와 카카오페이 등은 이미 1천만 명 이상의 가입자를 확보한 대형 플랫폼으로 향후 빠른 의사결정을 통해 사업을 확장하면서 성장성을 높일 수 있을 것이다.

- 기업규모가 커질수록 사업부문 분사를 통해 효율적으로 자산을 배분할 수 있을 뿐만 아니라 독립적이고 빠른 의사결정으로 각종 서비스들의 본격적인 수익화가 이루어지면서 카카오가 사업지주회사로서의 성장성이 부각될 수 있다.

NAVER(035420)

- 인터넷 및 모바일 플랫폼 전문업체다.

- 지주회사 전환 기대감과 기술 플랫폼 기업으로의 성장성이 기대된다.

- 2017년 7월 6일 기준으로 NAVER 주주구성을 살펴보면 국민연금 10.6%를 비롯해 애버딘애셋매니지먼트(aberdeen asset management) 5.0%, 블랙록펀드어드바이저(blackrock fund advisors) 5.0%, 이해진 전 의장 4.6%, 자사주 10.9%, 기타 63.8% 등이다.

- 자산규모와 성장성 등에 따라서 지배구조 취약성을 활용해 경영권을 위협할 수 있다. 그동안 NAVER의 자산규모가 괄목상대하게 커졌기 때문에 충분히 경영권을 위협할 수도 있을 것이다. 이에 대한 대안으로 NAVER가 지주회사로 전환할 수 있는 가능성은 여전히 존재한다고 판단한다.

- NAVER는 제4차 산업혁명에 대비하기 위해서 클라우드·인공지능·빅데이터 등에 투자를 활발하게 진행중에 있다. 무엇보다 제4차 산업혁명시대에는 대규모 데이터의 빠른 저장과 가공 및 분석기술이 요구되는데 클라우드 데이터센터 추가 건립을 통해 NAVER는 기술 플랫폼 기업으로서 거듭날 수 있을 것이다.

- NAVER가 구축하고자 하는 인공지능 플랫폼은 '클로바(clova)'로 음성뿐만 아니라 보고 듣고 말하는 등 오감을 모두 활용할 예정이다. 즉 클로바 인터페이스를 통해 수집된 정보를 클로바 브레인에서 분석하고 판단해, 클로바 플랫폼을 이용하는 기기로 노출하는 것이다.

- 빅데이터는 사람마다 니즈가 달라서 필요하지 않은 데이터는 쓰레기에 불과하므로 데이터를 가공 및 분석해서 또 다른 가치를 만들어내고, 실생활에 접목시켜서 문제를 해결하는 능력이 중요하다. 직접 데이터를 만들기보다 융합하고 확산·유통시키는 환경을 만들기 위해 데이터랩을 시작했으며, NAVER는 다양한 경로로 생성된 빅데이터를 가공해서 서비스로 구현하고 있다. 따라서 이런 빅데이터를 기반으로 여러 가지 서비스를 확대해 나갈 수 있을 것이다.

Alphabet (GOOGL. US)

- 세계 최대의 인터넷기업 지주회사다.

- 현재 검색·지도·지메일·캘린더·번역·안드로이드·구글플레이·드라이브·유튜브 등의 서비스를 전 세계 대상으로 제공하고 있으며, 인공지능·무인자동차·클라우드·스마트홈·바이오·노화방지·광섬유망 고속인터넷·증강현실·무인비행기·인공위성·로봇 등의 신규사업을 전개하면서 제4차 산업혁명을 선도하고 있다.

- 글로벌 플랫폼의 지배력 강화와 더불어 인공지능·자율주행차·사물인터넷·가상현실 등 새로운 플랫폼과 미래지향적인 신사업에 적극적으로 기술개발을 진행해나가고 있다.

- 향후 제4차 산업혁명 신기술 등이 다양한 비즈니스에 접목되면서 성장성 등이 부각될 것이다.

Amazon (AMZN. US)

- 세계 최대의 온라인 유통회사다.

- 제4차 산업혁명 기술개발 및 융합을 통해 글로벌 유통 플랫폼으로서 입지를 강화할 것이다.

- 인터넷서점을 시작으로 음반·장난감·패션 등 카테고리를 확장해 현재 다수의 상품카테고리를 갖춘 세계 최대 규모의 온라인 유통회사로 성장했으며, 사업영역을 확장해 유휴 인프라를 활용한 클라우드 서비스인 '아마존 웹' 서비스사업에도 적극적으로 진출하고 있다.

- Amazon은 190개국 3억 명 이상의 구매고객을 보유하고 있는 글로벌 마켓플레이스로서 다수의 브랜드 제조업자들은 Amazon 같은 유통회사에 의존하는 비중이 점점 더 높아지고 있다.

- Amazon은 홀푸드를 인수해 홀푸드 보유의 오프라인 매장에 아마존이 보유한 방

대한 데이터베이스와 물류관리 서비스를 접목할 예정으로, 기존에 약점으로 일컬어졌던 온라인·오프라인 식료품 배송사업에서도 높은 경쟁력을 보유하게 될 것이다.

- 향후 Amazon은 스마트데이터·AI·클라우드·자율트럭·로봇·드론 등의 제4차 산업혁명 기술들을 개발하고 융합해 강력한 배송 네트워크를 가지고 유통 플랫폼으로 거듭날 것으로 예상된다.

Facebook (FB. US)

- 세계 최대의 소셜 네트워크 서비스업체다.

- 인공지능과 가상현실 등을 통해 제4차 산업혁명 플랫폼으로서의 선도적인 위치를 강화할 것이다.

- 높은 광고효과를 보장하는 다양한 광고포맷 등을 통해 전 세계에서 가장 중요한 광고플랫폼 중 하나로 자리를 굳혀가고 있다. 특히 유저의 정보를 활용한 타겟팅의 정교화, 높은 수준의 AI기술력 보유, 플랫폼 간 연동에 따른 경쟁 우위를 확보하면서 개인과 기업 간의 접점을 더욱 넓혀갈 것으로 전망된다.

- Facebook의 CEO인 마크 주커버그는 향후 10년간 가장 중요한 이슈를 '동영상과 인공지능, 가상현실'로 꼽았다. 동영상은 향후 모바일과 같은 큰 트렌드가 될 것으로 예상되면서 Facebook이 유저들이 손쉽게 동영상을 촬영·공유하기 위한 플랫폼으로 성장시켜 나갈 예정이다. 인공지능을 통해 유저들이 Facebook에 식당 혹은 놀러갈 장소에 대한 제안을 요구하면 이용자의 위치 및 빅데이터를 기반으로 하는 서비스가 출시될 예정이다.

- 가상현실의 경우 연례 개발자 회의인 F8에서 가상현실을 이용한 커뮤니케이션 플랫폼인 '스페이스'를 공개했으며, 가상현실에 대한 투자확대를 발표했다. 특히 증강현실과 관련해 개발중인 카메라효과 플랫폼인 '프레임 스튜디오'와 'AR스튜디오'를 공개했다. 프레임 스튜디오는 Facebook 프로필사진에 적용가능한 프레임(배경화면)을 직접 디자인할 수 있는 편집기이며, AR스튜디오는 증강현실기술을 기반으로 얼굴인식·움직임·주변환경 등에 반응하는 애니메이션 3D마스크를 제작

할 수 있는 프로그램이다.

- 인공지능 및 가상현실 등을 통해 제4차 산업혁명 플랫폼으로서의 선도적인 위치를 강화하고 있다.

Netflix (NFLX. US)

- 세계 최대의 온라인 동영상 스트리밍 기업이다.

- 제4차 산업혁명의 원유인 빅데이터를 활용해 가입자 기반을 확대하고 있다.

- 월정액으로 운영되는 온라인 동영상 스트리밍 서비스사업자로 190여 개 국가에서 1억 명 이상의 가입자를 보유하고 있다. 자체 제작 오리지널 시리즈·다큐멘터리·영화 등 다양한 엔터테인먼트 콘텐츠들을 모바일·태블릿·노트북·데스크톱 PC를 포함해 인터넷 연결이 가능한 대부분의 스크린기기를 통해 언제 어디서나 원하는 동영상을 무제한으로 시청할 수 있다. 즉 스마트기기의 발달로 동영상 소비방식이 변화됨에 따라 기존 콘텐츠의 유통구조를 바꾸며 시장을 확대해나갔다.

- 가입자들의 데이터를 활용해 독자적인 추천 알고리즘을 개발해, 이용자가 선호하는 콘텐츠를 우선적으로 보여주는 맞춤형 서비스가 잘 이루어지고 있다. 또한 오리지널 콘텐츠 등 독점적 콘텐츠를 확보해 자사 플랫폼을 강화하고 있다.

THE FOURTH INDUSTRIAL REVOLUTION

PART 3

제4차 산업혁명의 중심에 스마트카가 있다

제4차 산업혁명인 스마트시대가 도래하고 있는 가운데 스마트카가 주목 받고 있다. 스마트폰은 언제 어디서나 인터넷에 접근할 수 있기 때문에 온라인산업은 물론 오프라인산업의 지형까지 변화시키면서 스마트혁명이 일어나고 있는데, 이와 같은 스마트혁명의 다음 주자로 가장 유력하게 떠오르고 있는 분야가 스마트카다.

스마트카는 전기전자·통신 등 ICT를 융합해 고도의 안전과 편의를 제공하는 자동차다. 좁은 의미로는 통신망에 상시 연결된 커넥티드카(Connected Car)를 가리키며, 넓게는 운전자의 조작 없이 자동차 스스로 운전하는 자율주행차를 포함하는 개념이다. 따라서 현재의 스마트카는 주로 커넥티드카 중심으로 논의되고 있으며, 이후 확산될 모델로는 자율주행차가 있다.

한편 전기차는 스마트카 성장의 전제조건이기 때문에 스마트카가 활성화되기 위해서는 전기차 대중화가 선행되어야 한다. 전기차에 대한 수요가 지속적으로 증가할 수 있는 환경에서 향후 유럽과 인도 등 내연기관 차량 판매금지정책과 더불어 중국에서의 전기차 의무판매제 도입으로 전기차시장의 성장은 가속화될 것으로 예상된다.

100년간 지속되어온 자동차산업은 단순히 자동차를 만드는 전통 제조업에서 이제는 새로운 이동성 서비스를 제공하는 산업으로 변화했다. 특히 초기단계인 전기차는 많은 가능성이 열려 있는 시장으로, 배터리기술 발달에 따른 주행거리 증가와 충전 인프라 서비스 확장에 따라 다양한 모습으로 진화가 가능하다. 따라서 앞으로는 내연기관시대에서 전기차시대로 변화할 것이다.

전기차 관련 중대형 2차전지 성장 등으로 인해 세계 리튬이차전지시장의 규모는 더욱 더 확대될 것이며, 2차전지 소재 시장규모도 향후 큰 폭으로 성장할 것으로 예상된다. 또한 스마트카 세부산업인 차체·안전·인포테인먼트·보안장치·통신·첨단자동주행보조장치 등이 급성장할 것으로 예상된다.

자율주행차의 경우 소프트웨어가 핵심이기 때문에 IT기업들의 수혜가 기대된다. 또한 자율주행차에 수천 개에 달하는 반도체가 탑재될 뿐만 아니라, 인포테인먼트 등 파생 시장의 성장도 가져오는 만큼 차량용 반도체시장의 성장도 예상된다.

제4차 산업혁명의 핵심인
스마트카에 주목하자

제4차 산업혁명인 스마트시대가 도래하고 있는 가운데 스마트카가 주목받고 있다. 스마트폰은 언제 어디서나 인터넷에 접근할 수 있기 때문에 온라인산업은 물론 오프라인산업의 지형까지 변화시키면서 스마트혁명을 일으키고 있다. 스마트폰에 이어 스마트혁명의 다음 주자로 가장 유력하게 떠오르고 있는 분야가 바로 스마트카다.

　스마트카는 전기전자·통신 등 ICT를 융합해 고도의 안전과 편의를 제공하는 자동차다. 좁은 의미로는 통신망에 상시 연결

• 커넥티드카에서 자율주행차까지 스마트카가 스마트혁명을 주도한다.

된 '커넥티드카(connected car)'를 가리키며, 넓게는 운전자 조작 없이 자동차 스스로 운전하는 자율주행차를 포함하는 개념이다. 따라서 현재의 스마트카는 주로 커넥티드카 중심으로 논의되고 있으며, 이후 확산될 모델은 자율주행차가 될 것이다.

커넥티드카는 차량에 통신기능을 탑재해 양방향 인터넷 서비스를 통한 '인포테인먼트'를 제공해 안전과 편의성을 지원할 수 있으며, 통신을 통한 연결성을 강조한다. 자율주행차는 운전자가 직접 조작을 하지 않아도 차량이 자체적으로 주변환경 정보를 수집·인식하고, 이를 기반으로 경로·위험상황 등을 판단해 목적지까지 주행할 수 있는 차량을 의미한다.

지금까지 100년간 지속되어온 자동차산업은 단순히 자동차를 만드는 전통 제조업이었지만 이제는 새로운 이동성 서비스를 제공하는 산업으로 변화했다. 미래 자동차산업의 핵심 트렌드는 자율주행·커넥티드·전기차·공유 서비스 등이 될 것이다. 이런 4가지 축 안에서 다양한 비즈니스 모델이 창출될 것이다.

특히 초기단계인 전기차는 많은 가능성이 열려 있는 시장으로, 배터리기술 발달에 따른 주행거리 증가와 충전 인프라 서비스 확장에 따라 다양한 모습으로 진화가 가능하다. 따라서 앞으로는 내연기관시대에서 전기차시대로 변화할 것이다.

스마트카시장 규모의 확대

2013년 ABI 리서치는 글로벌 스마트카시장규모가 2013년 2조 3천억 달러에서 2020년 26조 달러로 성장하고, CAGR은 41%에 이를 것으로 전망했다. 또한 미국의 조사기관 내비전트리서치(navigant research)의 2013년 조사에 따르면 자율주행차시장규모가 2020년 1,890억 달러에서 2035년 1조 1,520억 달러로 급격한 성장을 할 것으로 예상하고 있다. 현재 자율주행차를 개발하는 대부분의 기업들은 2020년까지 완전 자율주행차를 출시할 계획이며, 2035년 상용화를 목표로 현 기술을 개선하고 있다.

스마트카의 기술발전은 크게 2가지 방향으로 이루어지고 있는데 하나는 친환경·고연비 측면이고, 다른 하나는 운전 편의성·사고예방 측면이다. 즉 대기 유해물질 배출을 감소하면서 높은 연비를 실현하기 위해 기존의 내연기관 엔진(가솔린·디젤 등)을 전기모터로 대체한 하이브리드자동차(PHEV), 전기차(EV)가 출시되고 있으며, 운전자 편의성 제고와 사고예방을 위한 기술은 자율주행장치로 집약되어 급속한 발전을 이루고 있다.

한편 스트래티지애널리틱스(SA; Strategy Analytics)에 따르면 글로벌 자동차 전장(電裝)시장의 규모는 지난 2015년 2,390억 달러에서 2020년 3,033억 달러로 성장할 것으로 전망됨에 따라 자동차 내 전장부품 비중도 2009년 19%에서 2020년 50%로 확대될 것이라고 예상했다.

이에 따라 스마트카 세부산업인 배터리·차체·안전·인포테인먼트·보안장치·통신·첨단자동주행보조장치 등이 급성장할 것으로 예상된다. 특히 자율주행차의 경우 소프트웨어가 핵심이기 때문에 IT기업들의 수혜가 기대된다.

제4차 산업혁명의 대표적 기술, 자율주행차

운전자 조작 없이 자동차 스스로 운전하는 자율주행차를 구현하기 위해서는 다양한 기술들이 필요하다. 자율주행기술은 미국 도로교통안전국(NHTSA; National Highway Traffic Safety

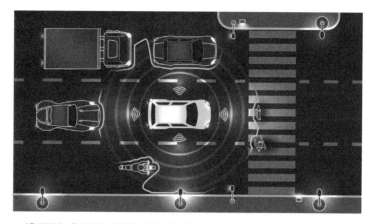

• 자율주행차는 운전자의 조작없이 주변환경을 인식하고 상황을 판단해 목적지까지 주행할 수 있다.

Administration)에서 구분한 자율주행기술 단계를 기준으로, 레벨0(비자동)부터 레벨4(완전자율주행)까지 5단계로 구분하고 있다.

레벨1은 '특정 기능의 자동화 단계'로, 이 단계에서 운전자는 특정 주행조건 아래서 개별 기술의 도움을 받을 수 있다. 현재 상용화 되어 있는 차간거리 제어기능(ASCC; Advanced Smart Cruise Control), 차선유지 지원 시스템(LKAS; Lane Keeping Assist System) 등의 개별 기술이 이 단계에 속하며, 이미 레벨1은 상당부분 구현되어 있다고 볼 수 있다.

레벨2는 '기존의 자율주행기술들이 통합되어 기능하는 단계'로, 차간거리 제어기능, 차선유지 지원 시스템이 결합해 고속도로 주행시 차량과 차선을 인식함으로써 앞차와의 간격을 유지하

자율주행기술의 수준단계

	레벨0	레벨1	레벨2	레벨3	레벨4
	운전자에 의해 완벽하게 제어되는 차량	1개 이상의 특정 제어기능을 갖춘 자동화 시스템	2개 이상의 특정 제어기능을 갖춘 자동화 시스템	가속·주행·제동 모두 자동으로 수행하는 자동화 시스템 (필요시 운전자 개입)	100% 자율주행
운전자 역할	직접 운전	직접 운전 (운전 보조 장치)	운전자 주행상황 항상 주시	운전자 자동운전 결정	운전자 목적지 입력
대표 기능		크루즈컨트롤, 전자식 안정화 컨트롤, 차선 인식 등	장애물 회피, 브레이크 제어, 주차보조기능 등	교통혼잡시 자동차 스스로 저속주행, 운전자 조작 없이 고속도로 주행, 자동 차선변경 등	

자료: NHTSA(미국 도로교통안전국)

고 자동으로 조향하는 단계다. 레벨2 기능까지 적용된 특정 차종들 역시 도로에서 볼 수 있다.

레벨3은 '부분 자율주행 단계'로, 이 단계에서는 운전자의 조작 없이도 목적지 경로상 일정 부분의 자율주행이 가능하게 된다. 즉 도심에서는 교차로·신호등·횡단보도 등을 인식해 자동으로 차량을 제어하고, 고속도로에서는 일정 구간의 교통흐름을 고려해 자동으로 차선을 변경하고 끼어드는 등의 부분적인 자율주행이 이루어진다고 볼 수 있다. 현재 자율주행기술을 개발하는 다수의 기업들이 이 단계를 시험중이다.

레벨4는 '도어 투 도어(door to door)'가 가능한 통합 자율주행

단계'로, 이 단계에서는 처음 시동을 켠 후 목적지에 도착해 주차가 완료되는 시점까지 완전한 자율주행이 가능하게 된다. 특히 이 단계에서는 V2X(Vehicle to Everything, 차량·사물통신)가 실현되어 차량과 차량, 차량과 인프라 간 통신으로 보다 넓은 지역의 정보를 수집하고 이를 통해 최적의 경로로 주행하는 것이 가능해진다. 비로소 완전 자율주행차로 거듭나는 마지막 단계다.

현재 GM·포드·도요타·벤츠·BMW 등 주요 자동차회사가 판매하고 있는 자율주행차량의 경우 운전자가 운전대를 잡고 주행을 상시 감독하는 수준인 자율주행(레벨2)에 그치고 있지만, 2017년 가을 아우디가 세계 최초로 사람 대신 자동차가 운전을 담당하는 자율주행차량(레벨3)인 신형 럭셔리 세단 'A8'을 출시한다. A8은 차량에 탑재된 인공지능이 6대의 카메라와 레이저 스캐너를 활용해 자동으로 차선을 변경하거나 장애물을 피한다. 중앙분리대가 있는 고속도로를 시속 60Km 이하 속도로 탑승자가 운전대에서 손을 떼고 주행할 수 있다. 구글과 테슬라 등이 레벨3 이상의 자동차기술을 연구중이며, 일본 도요타와 혼다도 2020년 레벨3 자율주행차를 상용화한다는 목표를 내걸었다.

자율주행차에 필요한 기술들

자율주행차를 구현하기 위해서는 다양한 종류의 기술이 필요하다. 주변환경인식(레이더·라이다·카메라 등의 센서), 위치인식과 맵

핑·판단·제어·상호작용 등으로 분류되며, 인공지능 관련 연구를
할 수 있는 기반인 하드웨어와 소프트웨어가 빠르게 발전하면서
자율주행기술도 함께 진화해왔다.

　현재 상용화되고 있는 기술을 모두 통칭해 'ADAS(Advanced
Driving Assist System, 지능형운전자보조장치)'라 부르는데, ADAS
는 센서와 인공지능 소프트웨어를 결합한 기술로서 레이더·라이
다·카메라·GPS장치 등의 감지기기와 이를 제어하는 CPU·GPU
명령을 실행하는 액추에이터(액셀레이터·브레이크·조향핸들 등)
로 구성된다.

　레이더(RADAR)는 물체에 전자기파를 발사하고 반사되는 신
호를 분석해 거리·높이·방향·소도 등 주변정보를 획득한다. 전
파를 이용하므로 날씨와 시간대의 제한을 극복할 수 있지만, 카
메라 같이 물체의 종류를 판별하는 형태인식이 불가능하며 가격
이 다소 고가다.

　라이다(LIDAR)는 물체에 반사되어 돌아오는 레이저 빔의 시간
을 측정해 거리정보를 획득한다. 레이저가 직진성이 강해 장거리
까지 정밀한 물체관측 및 거리측정 등이 가능하고 3차원 정보수
집을 지원하지만, 다양한 종류의 노이즈로 인한 간섭문제 같은
제약들과 가격이 매우 고가라는 단점이 있다.

　카메라는 대상 물체에 대한 정확한 형태인식을 제고하는 기술
로, 차선·주차선·도로표지판·신호 등 판독이 가능하지만 레이

더·라이다에 비해 정밀도가 낮고 날씨·시간에 영향을 받는 단점이 있다.

V2X는 자동차가 주행하는 동안 도로 인프라 및 다른 차량과 통신하면서 교통정보나 위험정보 등을 교환하거나 공유하는 차세대 통신기술이다. 기존 교통 시스템과 연계해 개별차량에 대한 실시간 교통정보를 제공함으로써 교통 트래픽을 효율적으로 제어하고, 위급상황에 대한 사고예방을 지원해 안전성을 제고할 수 있는 차세대 지능형 교통관리 시스템으로 활용이 가능하다.

HVI기술은 운전자와 자율주행차 간 상호작용을 위한 인터페이스다. 자율주행시 운전자가 파악해야 할 데이터의 양과 복잡성이 증가하자 운전자의 상태를 고려해 필요한 정보를 즉시 제공하는 HVI의 역할이 높아지고 있다.

고밀도 디지털지도는 자율주행에 영향을 주는 도로의 모든 정적 정보를 고정밀 3차원 지도로 나타낸다. 또한 도로 내 고정된 물체의 위치 및 형태정보를 통해 커브·교차로·합류로·교통신호 등에 미리 대응할 수 있도록 도와준다.

인공지능은 다양한 센서들과 V2X를 통해 교통정보·위급상황·돌발상황 등과 같은 외부정보를 수집·분석한 후 물체 형태 식별, 근거리·원거리 주변물체와의 거리, 물체 부피 측정, 대상물체와의 정확한 거리 등 추정된 정보를 활용해 차량을 제어하며, 최종적으로 운전자의 관여를 배제한 완전 자율주행을 지원한다.

NVIDIA·인텔·퀄컴 등을 중심으로 자율주행 협업

자동차제조업체는 단계적으로 부분 자율주행에서 완전 자율주행으로 기술수준을 진화해 기존 자동차시장을 지키면서 기술수준을 제고하는 전략이지만, IT업체는 완전 자율주행차를 개발해 자동차산업에 진입할 계획을 가지고 있다.

자율주행차시장이 빠르게 성장하면서 완성차기업과 IT기업들은 독자적인 기술개발에 그치지 않고 자율주행 관련 기업들과 빠르게 얼라이언스(Alliance)를 구성해 협력을 도모하기 시작했다. 이러한 협업은 자율주행에서 절대 빠질 수 없는 분야 중 하나인 반도체를 이끌고 있는 NVIDIA·인텔·퀄컴을 중심으로 이루어지고 있다.

NVIDIA는 다른 경쟁자와 달리 자율주행시 GPU를 사용하는 전략을 내세워 플랫폼을 발전시키고, 자율주행 분야의 경쟁을 가속화하기 위해 벤츠·아우디·바이두·젠린·히어 등과 기술협약을 맺었다.

인텔은 기존 PC시장을 선점하고 있는 반면 모바일·자율주행 등 차세대 성장동력에서는 다른 기업보다 낮은 경쟁력을 갖고 있다. 이를 개선하기 위해 자율주행차 부품업체인 모빌아이, BMW와 협력해 자율주행 기술개발을 진행해왔다. 이러한 가운데 2017년 인텔은 자율주행 분야에서 독보적인 기술력을 가진 모빌아이를 153억 달러 규모에 인수했다. 모빌아이는 카메라 센서 기반의 첨단 운전자지원 시스템을 사용하는 영상신호 처리용 하드웨어와 소프트웨어개발기업이다. 이번 인수를 통해 자율주행 반도체 기술력의 후발주자인 인텔은 기존 역량과 시너지를 발휘해 자율주행차시장의 선도기업으로 부상할 것이며, BMW뿐만 아니라 다른 기업들과도 추가적인 협력을 맺을 것으로 예상된다.

퀄컴은 2016년 차량용 반도체시장의 강자인 네덜란드 NXP를 470억 달러에 인수하기로 합의하면서 자율주행차시장에서 크게 주목받기 시작했다. NXP는 자동차 내 인포테인먼트 시스템과 에어백, 근거리무선통신(NFC)과 교통카드 등 다양한 부문에 반도체를 공급하고 있다. 네덜란드 NXP의 인수를 통해 퀄컴은 모바일시장은 물론 자율주행차시장으로 사업을 확대할 수 있는 발판을 마련했다.

자율주행 플랫폼

고령화·도심화·1인 가구 증대 등 사회구조가 변모함에 따라 자동차 개념도 소유에서 공유로 변화될 가능성이 높으며, 자동차시장도 제품판매 중심에서 서비스제공 중심으로 진화될 것으로 예상된다. 이러한 자동차시장의 진화는 자동차업체보다는 기존 오랜 기간 IT 플랫폼을 구축한 경험이 있는 구글·애플·우버 등 IT업계가 보다 유리할 것으로 예상된다.

현재 자동차 플랫폼은 주로 내비게이션·문자서비스·음악감상·검색 등 인포테인먼트를 제공하는 역할을 한다. 반면 자율주행 플랫폼은 각종 센서 데이터 수집·분석·제어 같이 차량의 전체 프로세스를 담당하기 위해 인공지능·빅데이터·클라우드·V2X 등 기술연계를 통한 다양한 콘텐츠와 서비스를 소비할 수 있는 스마트홈 같은 또 하나의 ICT 플랫폼이 될 것으로 예상된다. 스마트폰과 마찬가지로 자율주행 플랫폼을 선도하는 업체가 추후 개발될 서비스에 대한 주도권을 가질 것으로 전망된다.

전기차 패러다임이
근본적으로 바뀌고 있다

시장조사업체 SNE 리서치는 전기차(xEV)시장(승용차량기준)이 2015년 248만 대에서 연평균 32.9% 성장해 2020년에는 1,009만 대에 이를 것이라고 전망했다. 이렇게 되면 2020년에 전기차는 1천만 대 출하하는 것으로, 1억만 대 글로벌 자동차시장에서 10%의 점유율을 보일 것으로 예상된다.

특히 순수전기차(EV)의 경우 2015년 33만 5천 대에서 연평균 66.5% 성장해 2020년에는 433만 대에 이를 것으로 전망된다. 자동차 주요시장인 미국과 유럽에서 2015~2020년 사이에 자동차

연비 및 배기가스와 관련된 규제가 대폭 강화됨에 따라 전기차시장 성장의 원동력이 될 것이다. 즉 그동안 전기차시장은 경제성 등을 이유로 하이브리드가 성장을 주도해왔으나 환경규제 강화 시 순수전기차나 플러그인 하이브리드카(PHEV) 생산에 대한 필요성이 높아질 수 있다는 점에서 전기차시장의 흐름이 점차 바뀔 수 있을 것으로 예상된다.

또한 각국 정부의 전기차 보조금정책도 전기차시장 성장에 일조할 것이다. 이와 더불어 전기차 보급 확대를 가로막고 있던 짧은 주행거리, 높은 가격 등을 극복하는 동시에 구글·애플 등 신규업체의 진입 등으로 전기차시장은 성장할 것으로 예상된다.

한편 전기차의 경우 동력은 배터리가 대신하고 파워트레인은 모터만 있으면 되기 때문에 자동차 생산의 핵심기술인 엔진 생산 능력과 파워트레인 기술이 상대적으로 중요하지 않다. 이런 전기차 부품의 단순화 기술로 인해 소프트웨어와 유기적으로 연결될 수 있다.

커넥티드카 및 자율주행차는 하드웨어적인 기술이 아니라 소프트웨어기술이 중심이다. 전기차의 경우 소프트웨어 명령을 변환 없이 모터 제어장치에 전달이 가능하기 때문에 더 빠르고 정확하게 소프트웨어에 반응할 수 있으며, 오류의 발생 가능성도 줄어들게 된다.

따라서 과거의 전기차는 배터리를 이용한 주행이 목적이었지만, 현재의 전기차는 소프트웨어를 통한 효율의 극대화가 핵심이다. 즉 과거와 달리 최근 들어 전기차의 중심이 친환경차에서 스마트카로 전환되고, 이에 따른 시장 패러다임이 바뀌기 시작하면서 전기차는 새로운 성장동력을 갖게 되었다.

결론적으로 전기차는 스마트카 성장의 전제조건이기 때문에 스마트카가 활성화되기 위해서는 전기차의 대중화가 선행되어야 한다. 따라서 전기차를 친환경과 연비·신재생에너지의 측면뿐만 아니라 스마트카 개념으로까지 확대시킨다면 석유가격과 상관없이 전기차에 대한 수요가 지속적으로 증가할 것이다.

전 세계의 친환경차 정책으로
전기차시장은 빅뱅중

네덜란드와 노르웨이는 2025년까지 내연기관 차량 판매금지를 추진중이며, 독일은 2020년까지 전기차 100만 대를 추가로 시장에 투입하기로 했다. 또한 인도는 2030년까지 시판차량 대부분을 전기차량으로 바꾸겠다는 목표를 세웠다. 스웨덴의 국민자동차 브랜드인 볼보는 2019년부터 휘발유 차량의 생산을 단계적으로 중단하고 전기차 또는 하이브리드차량만 생산하겠다고 발표했다.

프랑스는 파리협정 목표달성을 위한 이산화탄소 감축 계획의 일환으로 2040년부터 이산화탄소를 배출하는 자동차의 판매를 금지한다고 발표했다. 프랑스는 2016년 200만 대의 자동차를 판매해 유럽에서 독일과 영국에 이어 세 번째 규모의 판매량이었다. 2017년 상반기 판매 차량의 95%가 가솔린·디젤이고, 하이브리드는 3.5%, 순수전기차는 1.2%에 그쳤다. 하지만 프랑스 정부가 자동차업계 양대 산맥인 르노그룹과 푸조 시트로엥(PSA)그룹의 대주주이기 때문에 수월하게 전기차로 전환할 것으로 전망된다.

한편 2017년 6월 13일 중국 국무원 법규 제정 사이트에는 중국 공업정보화부(MIIT)에서 주도한 승용차 평균 연비관리와 신에너지차 크레딧 병행 관리방법(일명 '전기차 의무판매제도') 의견수렴안이 게재되었다. 전기차 의무판매제도는 2017년 6월 27일까지 추가 의견수렴을 거친 후 수정을 거쳐 2017년 하반기에 최종안이 확정될 예정이다. 의견수렴안에는 2018년부터 전기차 의무판매제 실시, 2018~2020년 전기차 생산량 비중을 8%, 10%, 12%로 늘려나간다는 내용 등이 담겨 있다. 또한 전기차업체들은 생산 쿼터를 채우지 못할 경우 크레딧(전기차 판매시마다 부여되는 포인트) 여분이 있는 회사에 돈을 주고 크레딧을 구입하거나 벌금을 지불해야 한다. 2017년 들어 중국 정부가 신에너지차 보조금을 축소해 성장둔화세 현상이 나타나고 있으나, 중국 전기차 의무판매제가 도입되면 재차 전기차 성장이 본격화될 것으로 예상된다.

전기차시장 성장으로
본격 성장기에 진입한 2차전지

2015년부터 2020년경까지 세계 전기차 판매량은 연평균 32.9% 내외로 성장할 것으로 추정된다. 반면에 리튬2차전지시장은 연평균 31.8% 증가할 것이며, 특히 전기차용 리튬2차전지 성장률

리튬2차전지시장의 규모 추이(용량 기준)

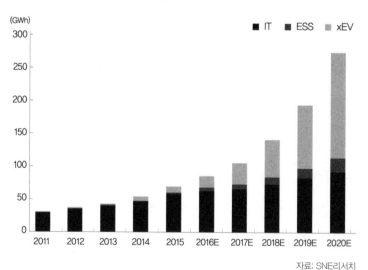

자료: SNE리서치

전기차 배터리 수요와 공급 추이

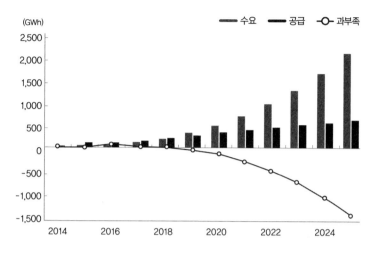

자료: SNE리서치

은 77.6%에 이를 것으로 전망된다.

이처럼 전기차용 리튬2차전지시장의 성장 속도가 가파를 것으로 전망하는 이유는 향후 순수전기차와 플러그인 하이브리드카의 비중이 확대됨에 따라 대당 배터리 사용량이 증가하기 때문이다. 따라서 향후 리튬2차전지 전체 시장에서 IT인 소형전지 부문의 성장은 미미할 것이나 전기차 등에 힘입어 중대형전지시장은 본격적인 성장기로 진입할 것이다. 현재 각 배터리 제조사들이 라인을 증설하고 있으나, 현재의 모든 전기차용 배터리 신·증설 계획을 감안하더라도 2019년부터는 전기차용 배터리의 공급 부족 현상이 일어날 것으로 전망된다.

전기차 부품, 2차전지 소재,
자율주행차 관련 업체에 주목하자

리튬이온전지는 양극(cathode)과 음극(anode) 사이에 유기 전해질을 넣어 충전과 방전을 반복하게 하는 원리로, 플러스 극의 리튬이온이 중간의 전해액을 지나 마이너스 쪽으로 이동하면서 전기를 발생시킨다. 리튬이온전지의 핵심 소재로는 충전시 리튬이온을 제공하는 양극, 리튬이온을 받아들이는 음극, 양극과 음극에서 발생한 전자가 외부회로를 통해 일을 할 수 있도록 내부 단락을 방지하는 분리막(separator), 리튬이온이 이동할 수 있는 공간과 환경을 제공하는 전해액(electrolyte) 등이 있다.

리튬이온전지의 제조원가 중 소재비가 45~50%다. 이 중 4대 핵심소재인 양극재·음극재·분리막·전해액이 차지하는 비중은 70~75% 정도다.

전기차 관련 중대형 2차전지 성장 등으로 인해 세계 리튬2차전지시장은 더욱더 확대될 것이며, 이에 따라 2차전지 소재 시장규모도 향후 큰 폭으로 성장할 것으로 예상된다. 특히 2017년부터 한 번 충전에 최대 300km 이상을 주행하는 전기차 출시가 대중화될 것으로 예상됨에 따라 향후에는 고출력과 관련된 소재 업체들이 수혜를 받을 수 있을 것이다. 또한 현재 투자가 진행되는 업체의 경우도 시장규모 확대로 가동률이 상승하면서 수혜가

2차전지 가치사슬

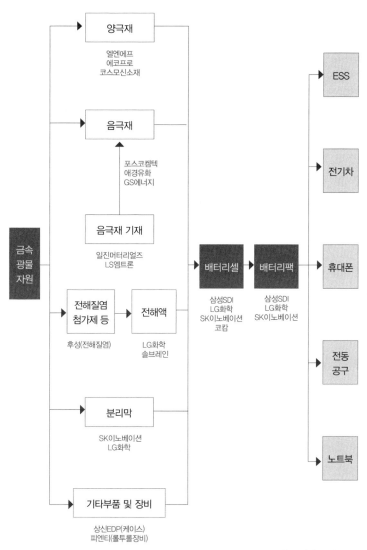

차량용 반도체시장 전망

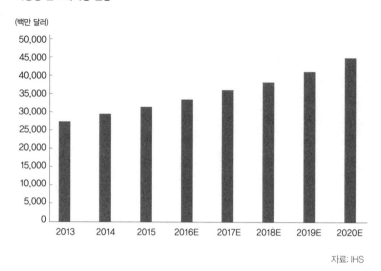

(백만 달러)

자료: IHS

가능할 것이다.

한편 스마트카 세부 산업인 차체·안전·인포테인먼트·보안장치·통신·첨단자동주행보조장치 등이 급성장할 것으로 예상된다. 특히 자율주행차의 경우 소프트웨어가 핵심이기 때문에 IT기업들의 수혜가 기대된다.

스스로 움직이는 물체의 예상경로를 예측·회피하는 자율주행차의 핵심기능을 구현하기 위해서는 다수의 메모리(D램·낸드플래시)와 비메모리(센서·프로세서) 반도체가 필요하다. 즉 차량용 반도체는 각종 센서에서 받은 정보를 처리하는 전자제어 장치에 활용되는데, 데이터 처리를 위한 프로세서부터 네트워크 연결을 위한 모뎀, 데이터 버퍼를 위한 D램, 데이터 저장을 위한 낸드플래시 등이 있다. 따라서 자율주행차에 수천 개에 달하는 반도체가 탑재될 뿐만 아니라, 인포테인먼트 등 파생 시장의 성장도 가져오는 만큼 차량용 반도체시장의 성장이 예상된다.

어떤 주식을 사야
돈을 벌 수 있을까?

2차전지 LG화학(051910), 삼성SDI(006400)

2차전지 소재 에코프로(086520), 엘앤에프(066970), 일진머티리얼즈(020150), 포스코켐텍(003670)

자율주행차 MDS테크(086960), 해성디에스(195870), 유니퀘스트(077500), 한라홀딩스(060980)

전기차 BYD(121, HK)

전기차 부품 삼화콘덴서(001820), 우리산업(215360)

2차전지

LG화학(051910)

- 해를 거듭할수록 전기차 2차전지 매출이 성장할 것이다.

- 기초소재, 2차전지, 정보전자 소재, 생명과학·팜한농 등의 사업을 영위하고 있다.

- 현대기아차·GM·포드·크라이슬러·아우디·다임러·르노·볼보·상하이자동차·디이(第一)자동차·창안(長安)자동차·창청(長城)자동차·난징진룽(南京金龍)·둥펑(東風)상용차·체리(奇瑞)자동차 등의 전기차 2차전지 수주금액을 바탕으로 2020년에는 전기차 2차전지 분야 매출 7조 원 달성을 목표로 하고 있다.

- 해를 거듭할수록 전기차 2차전지 매출이 증가하면서 2차전지사업의 가치 상승이 예상된다.

삼성SDI (006400)

- 전기차시장 성장의 수혜를 받을 것이다.

- 2차전지와 전자재료사업을 영위하고 있다.

- 현재 독일 BMW·폭스바겐·아우디 등과 전기차용 2차전지 공급계약을 맺고 있으며, 유럽 고객들 기반 신규 프로젝트와 함께 고성장세가 예상된다.

- 전기차 라인업 강화에 따른 프로젝트당 수주규모가 기하급수적으로 증가하고 있어 향후 수익성 개선에 대한 기대감이 커지고 있다.

- 전기차시장의 성장으로 인해 전기차용 2차전지 매출이 증가하면서 실적 턴어라운드가 예상된다.

2차전지 소재

에코프로 (086520)

- 전기차 고출력 NCA 수요 성장 수혜로 실적이 점프업했다.

- 2차전지용 NCA 소재 양극활물질 전문 제조와 환경사업을 영위하고 있다.

- 2015년 출하량 기준으로 NCA 시장점유율을 살펴보면 스미토모 63%, 에코프로 26%, 토다 6%, 일본화학 5% 등으로 과점시장구조다. 양극활물질 중 에너지밀도가 가장 높은 NCA는 고용량·고출력이기 때문에 주로 전동공구와 전기자전거 등에 사용된다. 향후에는 전기차 등 중대형 2차전지의 적용비중도 확대될 것이다.

- 에코프로는 현재 NCA 소재 양극활물질 대부분을 전동공구 및 전기자전거용으로 삼성SDI·소니 등에 공급하고 있다. 향후 전기차도 300km 이상 주행가능한 고출력 배터리 수요가 증가하면서 NCA 소재 양극활물질의 성장이 가속화할 것이다. 따라서 에코프로의 수혜가 가능할 것이다.

- 에코프로는 현재 NCA 소재 양극활물질에 대한 증설이 단계적으로 이루어지고 있다. 즉 2015년 10월 제3공장 증설 완료로 인해 CAPA가 월 210톤에서 월 350톤으로 늘어났으며, 2016년 10월에도 제3공장의 부분적인 증설로 인해 CAPA가 월 470톤으로 증가했다. 또한 제4공장에서는 새롭게 월 450톤 증설을 진행해 2017년 2분기에는 총 CAPA가 월 920톤에 이르게 되었다.

- 전방산업 수요증가로 인해 에코프로의 CAPA 증설이 빠르게 가동률을 상승시키면서 해를 거듭할수록 매출증가로 인한 실적 턴어라운드가 가속화될 것으로 예상된다. 또한 환경사업부문의 경우 고객사의 설비투자 등으로 인해 2017년 수주 가능성이 높아지면서 수익성 개선에 긍정적인 영향을 미칠 것이다.

엘앤에프 (066970)

- 2차전지용 양극활물질 전문 제조업체다.

- 전기차도 실적도 고출력될 것이다.

- 그동안 엘앤에프는 부진한 실적을 기록했는데, 2016년 2분기부터 가동률상승 및 신규 거래처 확대로 인해 매 분기 이익이 증가하면서 괄목할만한 흑자전환에 성공했다. 지난 2015년 10월 신규 공장건설을 마치고 2016년 3월부터 본격적으로 생산량을 늘리면서 공장 가동률이 상승했다. 이뿐만 아니라 중국 기업 등으로 신규 거래처가 확대되면서 매출이 증가해 흑자전환을 했다. 또한 고부가가치인 NCM 소재 양극활물질 매출증가 등도 수익성 개선에 일조했다.

- 엘앤에프는 현재 양극활물질에 대한 증설이 단계적으로 이루어지고 있다. 2015년 신규공장 증설 완료로 인해 총 CAPA가 1만 톤으로 늘어났으며, 2016년에도 2천 톤이 추가 증설되어 총 CAPA가 1만 2천 톤으로 증가했다. 또한 2017년에도 2천 톤 증설이 완료되면 총 CAPA가 1만 4천 톤에 이르게 된다. 이에 따라 연간 판매량이 2014년 8천 톤, 2015년 9천 톤, 2016년에는 1만 1천 톤을 상회하는 등 지속적으로 증가하고 있다.

- 특히 엘앤에프는 현재 NCM 소재 양극활물질을 전동공구 및 전기차용 등에 공급하

면서 매출 비중이 약 45%로 상승했는데, 향후 전기차용 고출력 배터리 수요가 증가하면서 NCM 소재 양극활물질의 성장이 가속화할 것으로 예상된다. 이에 따라 CAPA 증설효과와 더불어 NCM 소재 양극활물질의 매출증가로 인해 해를 거듭할수록 실적 턴어라운드가 가속화할 것이다.

일진머티리얼즈 (020150)

- 일렉포일 전문 제조업체다.

- 실적 개선세는 앞으로도 지속될 것이다.

- 2015년 말 기준으로 일진머티리얼즈의 CAPA는 ICS(PCB용 일렉포일) 연 1만 4,160톤, I2B(2차전지용 일렉포일) 연 1만 800톤이었다. ICS의 경우 그동안 적자가 지속되고 있는 반면에 I2B는 수익성이 가장 좋을 뿐만 아니라 전기차 등 중대형 2차전지 수요증가로 인해 지속적으로 물량이 확대되고 있다. 이에 따라 CAPA 측면에서 ICS를 감소시키는 대신에 I2B를 확대하는 설비전환을 한 결과 2016년 5월 기준으로 ICS 연 7천 톤, I2B 연 1만 6천 톤이 되었다.

- 2017년 7월 5일, 일진머티리얼즈는 1,584억 원 규모의 유상증자 계획을 발표했다. 시설자금 1,200억 원은 모두 I2B CAPA 확대에 사용될 전망으로 연간 1만 톤을 추가하는 규모다. 그동안 FULL CAPA로 증설에 대한 필요성이 제기되었는데, 이번 증설을 계기로 전기차시장 성장이 매출증가로 이어지면서 성장성이 부각될 수 있다.

- 일진머티리얼즈의 전기차 등 중대형 2차전지용 일렉포일의 주요 매출처는 삼성SDI·BYD·LG화학 등이다. BYD의 경우 중국 정부의 보조금 축소로 성장폭이 다소 둔화되었으나 향후 중국 전기차 의무판매제가 도입되면 재차 성장이 본격화될 것으로 예상된다. 또한 삼성SDI의 2차전지가 채택된 BMW의 경우 i3 업그레이드 모델 등 신규제품 출시효과, 전기차시장 성장 등으로 인해 판매증가가 예상된다.

- ICS의 경우 대부분의 기업들이 CAPA를 축소하거나 사업을 철수하면서 구조조정이 이루어졌고, 수급이 타이트해지면서 가격이 인상되고 있다. 이에 따라 2016년

- 4분기에 이어 2017년 수익성 개선이 지속될 수 있을 것으로 예상된다.

- 2017년 일진머티리얼즈 실적은 ICS부문의 흑자전환 및 전기차시장 성장 등으로 인해 턴어라운드가 가속화할 것이다.

포스코켐텍 (003670)

- 성장성 및 실적호전 모멘텀이 기대된다.

- 내화물·생석회·화성품 제조·판매 등 철강 관련 사업과 국내 유일의 천연 흑연 음극재 제조 등 소재사업으로 구성되었다.

- 국내 유일의 천연 흑연 음극재 제조업체로서 2017년 2월 총 3,060억 원 규모로 LG화학과 중단기 2차전지 음극재 공급계약을 체결했다. 연도별 예상 공급규모를 살펴보면 2017년 310억 원, 2018년 510억 원, 2019년 912억 원, 2020년 1,328억 원으로 안정적인 매출처를 확보하는 동시에 성장성이 가시화 할 것이다. 즉 이번 계약으로 인해 2017년부터 매출성장이 본격화 할 뿐만 아니라 2020년에는 포스코켐텍 매출의 10% 이상 비중을 차지하면서 신성장동력으로 자리매김할 수 있을 것이다.

- 한편 포스코켐텍은 지난 2010년부터 설비증설을 단계적으로 한 결과 현재 연 6천 톤의 생산능력을 갖게 되었으며, 2017년에는 2천 톤이 추가되어 연 8천 톤의 생산능력이 예상된다. 뿐만 아니라 향후에도 지속적인 설비증설로 연 2만 톤 이상까지 확대될 것으로 전망한다.

- 케미칼부문의 경우 2015년 대규모 적자가 발생했는데, 2016년 2분기부터 포스코와 콜타르 구매를 전분기 판매가격과 연동하는 구조로 변경함에 따라 흑자전환 되었다. 뿐만 아니라 2017년의 경우 이익의 안정성도 강화될 것이다.

- 피엠씨텍(지분법 대상)의 경우 2016년 3월부터 본격적으로 가동되었으나 유가약세 및 철강경기 부진 등으로 인해 2016년 대규모 적자가 발생했다. 하지만 2017년 흑연 전극가격 급등으로 인해 침상코크스 관련 이익이 급증할 것으로 예상되면서 실적 턴어라운드가 가속화할 것으로 기대된다.

108

MDS테크 (086960)

• 임베디드 솔루션 전문기업이다.

• 스마트카시장 확대로 전성 시대가 도래할 것이다.

• 스마트카시대가 도래함에 따라 자동차 전장화가 빠르게 진행되고 있을 뿐만 아니라 부품의 지능화·첨단화가 필수요소로 인식되면서 임베디드 시스템의 적용범위가 확대되고 있다. 이와 같이 자동차 전장화로 인해 MDS테크의 자동차부문 매출은 성장하고 있으며, 전장개발과 관련해 기존 고객인 현대차그룹·LG전자·삼성그룹 등이 고객사로 추가되었다.

• 우리나라는 매년 방위산업에 많은 예산을 편성하고 있으며, 매년 고가의 무기를 수입하고 있다. 하지만 이러한 무기에 들어가는 소프트웨어의 국산화율은 5%에도 미치지 못하고 있기 때문에 향후 무기체계개발 프로젝트에는 소프트웨어의 국산화율을 높일 것으로 예상된다. 이에 따라 국방·항공 분야에 임베디드 시스템의 비중과 역할이 증대되고 있다.

• MDS테크는 K2 전차 차량제어컴퓨터, FA-50 한국형 임무컴퓨터, 유도무기와 원자력 등과 같이 고신뢰 제어 분야 대형 프로젝트에 참여하고 있다. 또한 국방·항공용 실시간 운영체제(NEOS RTOS)와 실시간 통신 미들웨어(NeoDDS)의 적용사례 확대와 다양한 개발 솔루션을 공급하고 있다. 지난 2013년에는 국방·항공 임베디드 전문회사인 유니맥스를 인수해 임베디드 하드웨어 분야에서도 매출이 증가하고 있다. 향후 국방·항공산업에서의 국산화율 증가로 인해 MDS테크는 해를 거듭할수록 성장이 기대된다.

해성디에스 (195870)

- 반도체용 Substrate 전문 제조업체다.

- 성장 본격화가 예상된다.

- IHS에 따르면 차량용 반도체시장규모는 지난해 291억 달러에서 2019년 374억 달러까지 성장할 것으로 예상하고 있다. 이는 차량용 반도체가 각종 센서에서 받은 정보를 처리하는 전자제어장치에 활용되는데, 전기차 보급이 늘고 자율주행차 상용화 진전 등 자동차 전장화 추세로 인해 반도체 수요가 증가되기 때문이다. 이러한 환경에서 현재 해성디에스는 NXP·인피니온·ST마이크로 등 글로벌 차량용 반도체 업체에 리드프레임을 공급하고 있다. 따라서 차량용 반도체시장규모 증가로 인해 해성디에스의 리드프레임 부문 매출이 성장할 것으로 기대된다.

- 패키지 Substrate의 경우 기존 1Layer, 2Layer BGA 등의 제품 라인업을 보다 다각화하기 위해 3Layer 이상의 다층 Substrate 시장에 진입할 계획으로 현재 설비투자중에 있다. 다층 BGA Substrate 설비투자는 Reel to Reel 생산방식을 채택해 기존의 Sheet 방식보다 원가경쟁력을 갖출 수 있을 것으로 판단된다. 2017년 하반기부터 모바일 D램 등 스마트폰 및 IT기기용 주력인 다층 패키지 Substrate 관련 제품을 출시할 예정으로, 원가경쟁력을 바탕으로 2018년부터 성장을 가속화할 것이다.

유니퀘스트 (077500)

- 자회사들의 성장 본격화가 예상된다.

- 비메모리 반도체 유통업체로 주요 자회사로 드림텍(지분율 43%, 스마트폰용 모듈, 차량용 LED 모듈 제조업체), PLK테크놀러지(지분율 56%, 차량용 ADAS 솔루션 업체) 등이 있다.

- PLK테크놀로지는 ADAS 핵심기술인 알고리즘기술을 통해 모빌아이처럼 ADAS Chip을 자체 생산하고 있으므로 향후 중국 등에서 성장성이 부각될 수 있을 것이다.

- 표면실장기술(SMT, 인쇄회로기판에 칩을 실장하는 과정을 자동화한 기술)에 기반한 모듈 제조업체인 드림텍은 삼성전자 중저가폰의 지문인식 센서 모듈을 수주하면서 2017년 큰 폭의 실적 성장이 전망된다.

한라홀딩스 (060980)

- 한라그룹의 지주회사다.

- 자회사 만도헬라일렉트로닉스의 ADAS용 센서 성장 본격화가 기대된다.

- 만도헬라일렉트로닉스는 한라홀딩스와 독일 헬라(Hella)의 50:50 조인트벤처로서 제동·조향장치용 ECU, ADAS용 센서 등을 생산하고 있다. ADAS용 센서시장은 선진국들의 안전규제 강화와 자동차업체들의 ADAS 상용화 경쟁으로 인해 고성장이 예상되고 있다. 특히 만도헬라일렉트로닉스의 ADAS용 센서 매출 성장이 본격화할 것이다.

- 신흥국을 중심으로 샤시제품의 전장화가 본격화되면서 제동 및 조향장치용 ECU 수요가 빠르게 증가할 것으로 예상되면서 ECU 매출도 안정적인 성장이 기대된다.

전기차

BYD (1211, HK)

- 중국 전기차시장 확대의 최대 수혜주다.

- 중국 전기차 제조업체로, 차량 및 휴대용 전자기기에 사용되는 2차전지도 생산한다.

- 2018년부터 자동차업체별로 전기차 의무 판매 비율을 설정(2018~2020년 동안 각각 8%, 10%, 12% 적용)할 가능성이 높아 중국 전기차시장은 향후 더욱 빠르게 성장

할 것으로 예상된다.

- 중국 전기차시장 확대로 시장지배적 지위를 보유하고 있는 BYD의 수혜가 가능
할 것이다.

전기차 부품

삼화콘덴서(001820)

- 종합 콘덴서 전문 제조업체다.

- 전기차 전장부품으로 기업가치 레벨업이 기대된다.

- 친환경차 및 신재생에너지 성장, 자동차 전장부품 증가, 전자기기 고기능화 및 초
소형화로 인해 콘덴서의 수요 확대가 예상된다. 특히 전기차시장 성장의 환경에
서 삼화콘덴서 DC - Link Capacitor(전력변환콘덴서)는 현대차·기아차뿐만 아니라
델파이나 중국업체 등으로 매출처가 확대되면서 매출이 증가할 것으로 전망된다.

- 삼화콘덴서의 매출 비중이 가장 큰 MLCC(적층형세라믹콘덴서)는 2010~2011년 캐
파증설에 따른 감가상각비 등 고정비 증가 및 IT 전방산업 부진 등으로 인해 그
동안 실적이 저조했다. 그러나 자동차 전장용 MLCC의 경우 LG전자 VC(vehicle
components)사업부 및 LG이노텍 등에 인포테인먼트 관련 매출이 확대됨에 따라
삼화콘덴서 MLCC 매출이 지속적으로 증가할 것이다. 따라서 내용연수 완료에 따
른 감가상각비 감소가 발생되는 환경에서 자동차 전장용 MLCC 매출이 증가하면
서 실적 턴어라운드가 가속화할 것으로 기대된다.

우리산업 (215360)

- 차량용 공조 액츄에이터 및 PTC히터 제조업체다.

- PTC히터 고성장이 기대된다.

- PTC히터는 차량 내 유입된 공기를 직접 가열해 내부를 예열시키는 보조 난방장치로, 예열이 늦은 디젤차량과 내연기관이 없는 전기차에 필수부품으로 적용되고 있다. 글로벌 업체의 고객다변화 및 수요증가로 인해 해를 거듭할수록 PTC히터의 매출증가가 예상된다.

THE FOURTH INDUSTRIAL REVOLUTION

PART 4

스마트팩토리의
성장세 가속화가 놀랍다

글로벌 경제의 저성장 기조와 더불어 생산성 하락으로 인해 신성장동력이 필요한 가운데 주요국의 정부 및 기업들은 제4차 산업혁명 대응 및 산업경쟁력 강화를 위한 스마트팩토리에 대한 관심이 증대되고 있다.

스마트팩토리는 제품의 기획·설계, 제조·공정, 유통·판매 등 전 과정이 하나의 공장처럼 실시간으로 연동·통합되어 생산성 향상, 에너지 절감 및 인간 중심의 작업환경이 구현되고 개인맞춤형 제조 등이 가능한 미래형 공장을 의미한다. 즉 전통 제조업에 ICT를 결합해 개별 공장 설비·장비·공정이 지능화되어 서로 연결되는 개념으로, 모든 생산 데이터·정보가 실시간으로 공유되어 최적화된 생산이 가능한 공장을 말한다.

스마트팩토리는 사람의 노동력을 기계로 대체하는 공장자동화를 포함하는 개념이지만 그것이 전부가 아니다. 스마트팩토리에서 무엇보다 중요한 것은 센서·최첨단 공정·데이터 등을 축적하는 디지털화, IoT을 통한 네트워크 연결화, 수집된 데이터 분석을 통한 문제점 발견 및 의사결정을 내리는 스마트화 등이다.

이러한 디지털화, 네트워크 연결화, 스마트화 등을 통해 수집된 데이터를 분석 이상 징후를 사전에 파악할 뿐만 아니라 재고·주문량에 따라 생산 스케줄을 유연하게 조정함으로써 생산성의 최적화를 이루게 되고, 이는 곧 비용절감과 생산성 제고로 이어지면서 경쟁력을 강화하게 될 것이다. 결국에는 디지털화, 네트워크 연결화, 스마트화 등을 통해 각각의 디바이스 간에 스스로 커뮤니케이션 할 수 있는 지능형 팩토리를 구축하는 것이다.

독일·미국·일본·중국 등 각국 정부는 스마트팩토리를 국가 신성장동력으로 삼아 제조업의 새로운 도약을 모색하고 있다.

제4차 산업혁명을 맞이해 스마트팩토리시장의 성장은 가속화될 것으로 예상된다. 스마트팩토리 관련 기업 중 SK와 에스엠코어는 SW와 HW의 시너지효과로 인해 향후 시장 진출이 가속화할 것으로 예상되며, LS산전은 정부 추진 스마트팩토리 수혜가 기대된다. 또한 포스코ICT는 포스코의 스마트팩토리 및 데이터센터 구축 확대에 수혜가 예상된다.

제4차 산업혁명의 기술 집합체, 스마트팩토리

글로벌 경제의 저성장 기조와 더불어 생산성하락으로 인해 신성
장동력이 필요한 가운데 주요국 정부 및 기업들은 제4차 산업혁
명 대응 및 산업경쟁력 강화를 위한 스마트팩토리에 큰 관심을
보이고 있다.

　스마트팩토리는 제품의 기획·설계·제조·공정·유통·판매 등
전 과정이 하나의 공장처럼 실시간으로 연동·통합됨으로써 생
산성 향상, 에너지 절감 및 인간 중심의 작업환경 구현과 개인맞
춤형 제조 등이 가능한 미래형 공장을 의미한다. 즉 전통 제조업

에 ICT를 결합해 개별 공장의 설비·장비·공정이 지능화되어 모든 생산 데이터와 정보가 실시간으로 공유되는 '최적화된 생산이 가능한 공장'을 말한다.

스마트팩토리는 공장자동화가 진화한 형태로 ICT와 제조업 기술이 융합해 사물인터넷, 빅데이터, 클라우드 컴퓨팅, CPS 등을 통해 공장 내의 장비와 부품들이 연결 및 상호 소통하는 생산체계다. 따라서 최소비용과 최소시간으로 고객맞춤형 제품뿐만 아니라 다품종 복합(대량·소량)생산이 가능한 유연한 생산체계가 구현될 수 있다. 또한 제조현장의 생산관리자는 공장 전체의 운영효율성이나 생산설비효율에 대해 빠르게 파악하고, 빠른 의사결정이 가능할 뿐만 아니라 시장 출시시간 단축, 전체 자산활용 개선, 빠른 수익 창출, 전체 기업의 리스크를 관리하면서 극대화된 생산성과 글로벌 경쟁력 등을 확보할 수 있다.

독일의 인더스트리 4.0은 제조업이 직면한 사회·기술·경제·정치 등 모든 부문의 변화에 ICT를 이용해 총력적으로 대응하겠다는 전략이다. 즉 독일은 사물인터넷과 기업용 소프트웨어·위치정보·보안·클라우드·빅데이터·가상현실 등 ICT 관련 기술들을 적극 활용하는 스마트팩토리 구현을 위해 공장과 공장, 그리고 기업과 기업 간 시스템 연결에 주안점을 두고 참여를 독려하는 정책을 펴고 있다.

디지털화, 네트워크 연결화, 스마트화 등을 통한 지능형 팩토리 구축

스마트팩토리는 사람의 노동력을 기계로 대체하는 공장자동화를 포함하는 개념이지만 그것이 전부가 아니다. 스마트팩토리에서 무엇보다 중요한 것은 센서·최첨단 공정·데이터 등을 축적하는 디지털화, 사물인터넷을 통한 네트워크 연결화, 수집된 데이터 분석을 통한 문제점 발견 및 의사결정을 내리는 스마트화 등이다. 이러한 디지털화, 네트워크 연결화, 스마트화 등을 통해 수집된 데이터를 분석하고 이상 징후를 사전에 파악할 뿐만 아니라 재고·주문량에 따라 생산 스케줄을 유연하게 조정함으로써 생산성의 최적화를 이루게 되고, 이는 곧 비용절감과 생산성 제고로 이어지면서 경쟁력을 강화하게 될 것이다.

결국에는 디지털화, 네트워크 연결화, 스마트화 등을 통해 각각의 디바이스 간에 스스로 커뮤니케이션 할 수 있는 지능형 팩토리를 구축하는 것이다.

스마트팩토리의 단계와
밸류체인

스마트팩토리는 기술 적용에 따라 크게 4가지 단계로 분류할 수 있다. ICT 미적용단계에서는 생산설비, 물류 등의 모니터링 관리

스마트팩토리의 도입 배경

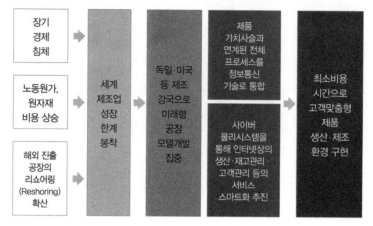

자료: 국가기술표준원

스마트팩토리의 특징

자료: 국가기술표준원

122

가 수작업으로 이루어지고 종이문서에 의해 운영된다. 기초단계에서는 생산설비, 물류 정보를 바코드를 통해 수집해서 생산관리를 운영한다. 중간단계는 센서와 IoT·빅데이터를 활용해 자동화 설비를 구축하고 실시간으로 제조상황이 파악 가능한 공장이다. 고도화단계는 실제와 가상이 결합되어 고도화된 ICT를 접목한 생산시설로 완전한 자동화 시스템이다.

스마트팩토리는 기존 제조기술에 IT를 접목해 센서·정밀제어·네트워크·데이터 수집과 분석 등 다양한 기술이 융합되어 서비스를 구성한다. 따라서 크게 센서 디바이스 및 정밀제어기기, 네트워크 플랫폼, 제조환경 애플리케이션으로 구분된다.

센서 디바이스 및 정밀제어기기의 경우 스마트팩토리의 생산환경 변화, 제품과 제고현황 등 제조·생산과 관련된 정보를 감지한다. 이를 애플리케이션에 전달해 분석하고 그 결과를 제조현장에 반영해 수행한다. 네트워크 플랫폼은 센서 디바이스 및 정밀제어기기와 애플리케이션을 이어주는 역할로 효율적인 데이터 채널을 제공한다. 또한 제조환경 애플리케이션은 제조 실행에 직접적으로 관여하거나 현장 디바이스로부터 수집된 데이터를 분석하고 정해진 규칙에 따라 판단할 수 있는 시스템이다.

스마트팩토리와 관련한 애플리케이션 및 플랫폼은 수평적·수직적 통합을, 스마트디바이스는 기기 간의 연결이 주된 이슈로, 전 세계적으로 시스템 공급업체들을 중심으로 요소기술의 혁신

스마트팩토리 밸류체인의 주요 주체

분류	정의	응용분야
애플리케이션	• 스마트팩토리 IT솔루션의 최상위 소프트웨어 시스템으로 MES(Manufacturing Execution System), ERP (Enterprise Resource Planning), PLM(Product Lifecycle Management), SCM(Supply Chain Management) 등의 플랫폼상에서 각종 제조 실행을 수행하는 애플리케이션 • 애플리케이션은 디바이스에 의해 수집된 데이터를 가시화 및 분석할 수 있는 시스템으로 구성	공정설계, 제조실행 분석, 품질분석, 설비보전, 안전·증감 작업, 유통·조달·고객대응
플랫폼	• 스마트팩토리 IT솔루션의 하위 디바이스에서 입수한 정보를 최상위 애플리케이션에 전달하는 중간 소프트웨어 시스템. 디바이스에 의해 수집된 데이터를 분석하고 모델링 및 가상 물리 시뮬레이션을 통해 최적화 정보를 제공 • 각종 생산 프로세스를 제어·관리해 상위 애플리케이션과 연계할 수 있는 시스템으로 구성	생산 빅데이터 애널리틱스, 사이버 물리 기술, 클라우드기술, Factory – Thing 자원관리
디바이스	• 스마트팩토리 IT솔루션의 최하위 하드웨어 시스템으로 스마트팩토리의 모든 기초 정보를 감지·제어하는 단계. 컨트롤 기술, 네트워크 기술, 센싱 기술 등이 중요 • 스마트센서를 통해 위치·환경·에너지를 감지하고 로봇을 통해 작업자·공작물의 위치를 인식해 데이터를 플랫폼으로 전송할 수 있는 시스템으로 구성	컨트롤러, 로봇, 센서 등 물리적인 컴포넌트

자료: 국가기술표준원

및 통합이 이루어지고 있다. 또한 생산 시스템의 부가가치를 극대화하기 위해서 기존 장비(공작기계) 위주의 생산 시스템 공급을 탈피해, HW와 SW가 결합된 ICT 융합형 기계·장비 및 생산 시스템 패키지 공급이 확대되고 있다.

한편 스마트팩토리가 성공하기 위해서는 독립적인 공장 하나의 시스템만이 중요한 것이 아니라 그 공장에 부품과 재료를 제공하는 공급업체들까지도 서로 연결이 최적화되어야 한다. 즉 스마트팩토리의 핵심은 연결화(Connectivity)다. 이를 위해 산업용 IoT기술이 요구되고 있다. IoT기술의 핵심은 다양한 데이터를 수집해 표준화된 포맷으로 타 시스템에 전달하는 것이다. 제조공장의 설비를 다양한 물건이나 서비스와 연결해야 하기 때문에 인터페이스 표준화와 데이터 저장 및 변환기술이 필요하다. 기존에는 수집된 데이터들을 종이에 기록했다면, 이제는 가상의 데이터 센터인 클라우드를 활용하는 시대가 된 것이다.

각국 정부가 중점적으로 추진중인 스마트팩토리

독일·미국·일본·중국 등 각국 정부는 스마트팩토리를 향후 국가의 신성장동력으로 주목하며 제조업의 새로운 도약을 모색하고 있다.

독일의 인더스트리 4.0 정책

독일 정부는 현재 직면하고 있는 국가적 과제를 해결하기 위해 인터스트리 4.0이라는 민·관·학 프로젝트를 추진하고 있다. 또한 통신 네트워크를 통해 공장 안팎의 사물과 서비스들을 연계한 새로운 가치를 창출하고, 비즈니스 모델을 구축하고자 한다.

자동차·기계 등 제조업에 ICT를 접목해 모든 생산공정, 조달·물류, 서비스까지 통합적으로 관리하는 스마트팩토리 구축이 목표로, 사물인터넷 ·CPS·센서 등의 기반 기술개발 및 생태계 확산에 집중하고 있다. 독일의 대표적인 스마트팩토리는 지멘스·아디다스 ·노빌리아 등이다.

지멘스의 암베르크 공장은 세계 최고의 지능형 생산공장이다. 축구장 1.5배 규모의 공장에서는 로봇들이 수십 개의 컨베이어벨트에서 제품을 생산하며, 공장 전체 공정에서 75%를 기계가 스스로 판단하고 조정한다. IT와 융합한 기계와 수만 개의 센서를 통해 얻은 5천만 개 이상의 빅데이터를 실시간으로 분석하고 의미와 활용방안을 도출한 후 의사결정이 이루어지기 때문에 불량률과 생산주기가 감소할 뿐만 아니라 변화에 대한 유연성 또한 증가한다. 데이터를 통해 생산라인을 최적으로 운용할 수 있고, 가치 있는 전략도 수립할 수 있는 기반이 된다.

대표적인 노동집약산업으로 언제나 생산기지를 인건비가 싼 지역에 지었던 신발기업 아디다스는 독일에 신발공장을 지었다. 독일의 소도시 안스바흐에 지어진 완전 자동화 공장 '스피드팩토리'는 독일의 인더스트리 4.0 정책의 지원을 받는 사업이다. 이 스피드팩토리는 3D프린터와 로봇을 활용한 자동화를 통해 인건비 절감과 생산과정의 유연성을 얻었다. 아디다스는 제조기지와 소비자 전 공정이 본사 서버와 인터넷으로 연결되어 있어서 실시간 공정관리는 물론, 고객 트렌드와 수요를 반영할 수 있는 주문형 생산공장을 구축했다. 따라서 SNS상에서 관심사로 떠오른 디자인이나 이슈가 되는 인물 또는 사건·이벤트 등이 발생하면 이를 실시간으로 반영한 디자인의 신발과 의류 등을 바로 생산해 판매한다. 이처럼 아디다스는 장기적으로 소비자들이 원하는 제품을 3D프린팅할 수 있는 제조환경을 구축해 진정한 고객 맞춤형 생산을 실현할 예정이다.

독일 주방가구 브랜드 노빌리아는 매일 2,600세트, 연간 58만 세트의 고객맞춤형 주문사양의 부엌가구를 약 70개국에 제공하고 있다. 노빌리아의 경쟁력은 'Manufacturing by Wire'라고 불리는 자동생산방식에 있다. 생산공정을 전공정과 후공정으로 나누고 각 공정에 고도의 ICT를 접목해 부품이 고객이 주문한 제품 어디에 어떻게 들어가는지, 그리고 언제 어디에 배송해야 하는지 등의 다양한 정보를 제공한다. 또한 조립공정의 최적화는 물론 고객의 불편사항이 발생했을 경우 개별적 부품의 문제를 찾는 데도 활용한다. 전공정에서는 부품이나 다양한 조립품의 구멍 위치를 오라클로 모두 작동하는 데이터웨어하우스로 관리하고 있고, 후공정에서는 주문시 필요한 가공완료 부품을 ERP나 MES가 선정하게 하고, 포장부품에 RFID태그 또는 바코드를 부착해 각 부품에 개별적으로 식별 가능한 ID(identity)를 부여한다.

미국의 대표적인 스마트팩토리인 GE와 테슬라

미국 정부는 2006년부터 CPS 프로젝트 진행을 통해 물리적 시스템이었던 기존 공정과정과 ICT의 가상적 시스템을 하나로 융합한 초연결 시스템을 구축하고자 했다. 스마트팩토리뿐만 아니라 운송·전력망·의료와 헬스케어·국방 등에 이르기까지 광범위한 분야에 걸쳐 시스템 개발이 진행중이다. 미국의 대표적인 스마트팩토리는 GE·테슬라 등을 들 수 있다.

전통적인 제조업체였던 GE는 이제 소프트웨어 회사로 변신을 시도하고 있다. 새로운 제조업 플랫폼인 스마트팩토리를 구현하기 위해서는 다양한 설비와 센서를 인터넷으로 연결하는 IoT와 이를 통해 수집한 방대하고 다양한 데이터를 다루는 빅데이터 분석 기술이 필요하다. 따라서 GE는 400여 개의 생산시설을 IoT 기술로 연결해 혁신을 이루어내겠다는 목표로 공장 프로젝트를 시작했다. 즉 엔지니어링 팀에서 설계한 제품을 디지털기술로 생산시설과 연결하고, 파트너와 서비스 운영부서까지 그 연결을 확대해 더 정확한 의사결정과 생산성 향상을 이루겠다는 것이다.

인도 멀티모달 공장은 GE의 대표적인 스마트팩토리로, 항공·파워·오일앤가스·운송 등의 영역에서 요구되는 제품을 모두 생산한다. 이곳에서는 시설과 컴퓨터가 IoT를 통해 정보를 공유·제조하고, 품질을 유지해 돌발적인 장애를 예방하는 시스템이 구현되고 있다. 나아가 공급망·서비스·유통망 등이 인터넷을 통해 연결되어 최적의 생산 효율이 유지되도록 하고 있다.

GE는 이와 더불어 스마트팩토리를 기반으로 한 파일럿 프로젝트를 진행해 다양한 산업 인터넷의 가능성을 모색하고 있다. 예를 들면 터보머신사업부문에서는 생산부서와 엔지니어링 부서를 연결했다. 이로써 엔지니어링 팀에서 부품을 개발하는 즉시 생산부서와 연결되어 설계의 실제 생산 가능성을 점검하고, 즉각적인 피드백이 이루어지도록 해 설계 오류와 생산, 설계의 불협화음으로 발생하는 비효율을 제거하고자 했다. 이러한 경험을 바탕으로 IoT를 각 산업에 맞춤화해 제공하는 산업 특화 클라우드 서비스인 '프레딕스'를 발표해 비즈니스 영역을 확대하고 있다. 산업용 IoT 분야에서 전통적인 IT기업과 경쟁하는 애플리케이션 서비스 영역에 진출한 것으로, IoT 기반의 생산성 향상을 넘어 새로운 시장까지 개척하는 것이다.

테슬라의 경우, 리프트로 차체를 들어올려 이동시키는 일반적인 자동차 조립공장과는 다르게 로봇이 그 작업을 담당하고 있다. 즉 테슬라 공장에서는 컨베이어 벨트 대신에 조립로봇이 차제를 들어 작업자에게 운반한다. 새로운 차종도 같은 속도로 작업할 수 있도록 스마트폰 앱처럼 로봇의 데이터를 정기적으로 업데이트 한다. 테슬라의 자동차는 네트워크 연결성을 지니고 있으므로, 생산된 자동차에 발생되는 단순한 차량 주행정보뿐만 아니라 운전자의 개인 이력까지 실시간으로 수집한다. 그리고 수집된 데이터들을 소프트웨어 업데이트와 차량기능 개선에도 활용하고 있다.

일본과 중국의 스마트팩토리

일본은 디플레이션 탈피와 경제 재건을 위한 아베노믹스 3대 전략의 하나로 산업재흥플랜에 기반을 둔 과학기술혁신 정책을 전개하고 있다. 기존에 발표된 신성장전략(2010), 일본재생전략(2012) 등과 달리 문제점 해결을 위한 세부전략과 구체적인 목표를 제시하고, 첨단 설비투자 촉진과 과학기술혁신 추진을 핵심과제로 선정했다. 제조업 경쟁력 강화를 위한 설비투자지원, 도전적 R&D 투자 강화 등을 통해 5년 이내에 기술력 순위를 1위로 하겠다는 목표를 제시했다. 일본의 대표적인 스마트팩토리는 미쓰비시전기 등이다.

중국은 제조업 전체를 아우르고 과거의 규획들과 달리 10년 앞을 내다본 '중국제조 2025 규획'을 제정했다. 본 규획에서 앞으로 10년(2015~2025년) 안에 전 세계 제조업 2부 리그에 들어가고, 다음 10년(2025~2035년)에는 1부 리그 진입, 그 뒤 10년(2035~2045년)에는 1부 리그의 선두로 발돋움하겠다는 전략을 제시했다. 제조업 전반에 대해 톱다운 방식의 전략적 대응과 상황변화에 유연하게 대응할 수 있는 전략과 함께 차세대 IT기술, 첨단 CNS 공작기계 및 로봇 등 10대 육성 전략을 세우고 있다.

우리나라 정부의 제조혁신 3.0 전략

우리나라 정부는 '제조혁신 3.0 전략'을 추진중이다. 개인맞춤형 유연생산을 위한 스마트팩토리 고도화와 더불어 융합신제품 생산에 필요한 8대 스마트 제조기술(CPS·에너지절감·스마트센서·3D프린팅·IoT·클라우드·빅데이터·홀로그램) 등의 개발을 추진하는 것으로 2022년까지 스마트팩토리 2만 개 구축을 목표로 하고 있다.

포스코는 2015년 5월 광양제철소 후판(선박 등을 만드는 데 주로 쓰는 두께 6mm 이상의 철판)공장을 스마트팩토리 시범공장으로 선정하고 이를 추진하기 위한 태스크포스를 구성했다. 포스코는 스마트화 선언 직후, 광양제철소 후판공장 곳곳에 IoT 센서와 카메라를 설치해 스마트팩토리의 근간이 되는 데이터를 모으기 시작했다. 고로에서 만든 쇳물 불순물을 없애는 제강 공정과정에서는 하루에 500만 개의 데이터가 생성되며, 액체 상태인 용강을 고체로 만드는 연주 공정과정에서는 7천만 개, 고체 상태인 반제품을 강판으로 만드는 압연 공정에서는 무려 300억 개의 데이터가 모인다. 이렇게 축적된 데이터를 자체 개발 플랫폼인 포스프레임(posframe)을 이용해 저장하고 분석해, 불량품이 나왔을 때 원인을 빠르고 정확하게 파악하며 재발도 방지할 수 있다.

SK이노베이션은 국내 화학업계 최초로 ICT를 융합한 스마트팩토리를 도입할 예정이다. 일례로 유해가스 실시간 감지 시스템을 통해 사람이 아니라 설비에 부착한 기기로 밀폐공간의 유해가스를 측정해 필요하면 작업중단이나 대피 등의 조치를 취할 수 있다. 또한 진동이나 온도에 민감하게 반응하는 압축기 상태를 실시간으로 살펴보고, 사고 사례를 스스로 학습하는 머신러닝 기술을 접목해 사고를 예방한다.

스마트팩토리시장 성장에 따른
수혜 기업에 주목하자

스마트팩토리의 시장규모는 전 세계적으로 2015년 1,937억 달러에서 2020년에는 2,845억 달러로 성장할 것으로 예상되며, 특히 중국은 스마트팩토리 확대정책으로 2019년에는 미주시장을 추월할 것으로 전망된다. 또한 2014년 FA(공장자동화) 기기와 시스템의 시장규모는 23조 3,200억 원이었으며, 2020년에는 45조 2,100억 원으로 성장할 것으로 예상된다. 우리나라의 스마트팩토리 시장규모 역시 2015년 32.1억 달러에서 2020년까지 54.7억 달러로 성장할 것으로 예상된다. 스마트팩토리의 원동력은 센서와 데이터다. 단순히 기계에서 발생되는 데이터를 기반으로 공정을 자동화시키는 것이 아니라 대내외 모든 데이터가 통합·분석되어, 시장과 고객의 요구에 맞는 새로운 제품을 빠르게 생산하기 위해 신속하게 데이터를 업데이트 할 수 있어야 한다.

해외기업의 경우 전통적인 전문분야를 기반으로 하드웨어는 상위 응용영역까지, 소프트웨어는 IoT·클라우드 등을 접목한 신규 비즈니스 영역으로 확장하는 추세며, 글로벌 시장지배력을 무기로 삼은 선도 기업들의 독점이 강화되는 추세다. 국내에서도 대기업 중심으로 ICT를 적용하는 등 제조현장 혁신을 위한 시도가 일부 진행되고 있으나, 외산 솔루션에 대한 의존도가 높고, 국내 기술의 한계로 민간투자는 아직 시작단계다.

제4차 산업혁명을 맞이해 스마트팩토리시장의 성장은 가속화될 것으로 예상된다. 스마트팩토리 관련 기업 중 SK와 에스엠코어는 SW와 HW의 시너지효과로 인해 향후 시장진출이 가속화될 것으로 예상되며, LS산전은 정부 추진 스마트팩토리 수혜가 기대된다. 또한 포스코ICT는 포스코의 스마트팩토리 및 데이터센터 구축 확대에 수혜가 예상된다.

어떤 주식을 사야
돈을 벌 수 있을까?

SK(034730) , 에스엠코어(007820) , LS산전(010120) ,포스코ICT(022100), Siemens(SIE. GR), Mitsubishi Electric(6503. JP) , Rockwell Automation(ROK. US), Fanuc(6954. JP)

SK (034730)

• 스마트팩토리 및 스마트물류의 성장성이 가시화되고 있다.

• 제4차 산업혁명시대를 맞이해 SK그룹은 IT서비스, ICT융합, 반도체 소재·모듈, 바이오·제약, LNG밸류체인 등 5대 핵심분야를 집중 육성해 2020년까지 매출 200조 원과 세전 이익 10조 원 달성을 목표로 제시했다.

• 그 중에서도 제4차 산업혁명과 직접적으로 연관이 있는 ICT융합은 2018년 매출 1조 2,800억 원, 영업이익 630억 원에서 2020년에는 매출 2조 5천억 원, 영업이익 2,500억 원으로의 성장을 목표로 하고 있다.

• ICT융합에는 클라우드·스마트팩토리·스마트물류·인공지능 등이 포함되어 있는데, 향후 SK가 중점적으로 담당하게 될 분야다.

• SK는 사물인터넷·빅데이터·클라우드·인공지능을 결합한 종합 스마트팩토리 솔루션 스칼라를 만들어 중국 홍하이그룹 충칭공장 프린터 생산라인 시범 구축을 완료했으며, 현재 다른 라인으로 사업확장을 협의중이다. 이에 대한 연장선상으로 SK는

물류 및 공장자동화 장비전문기업인 에스엠코어를 인수해, 2017년 하반기부터 스마트팩토리 분야에서의 본격적인 성장이 예상된다.

- 제4차 산업혁명의 또 다른 핵심인 스마트물류의 경우 2016년 11월 홍하이그룹의 물류 자회사 저스다(JUSDA)와 글로벌 융합 물류전문합작기업인 FSK L&S를 설립하고, 향후 중국 등 글로벌 시장에서 물류 BPO 사업을 본격화할 것으로 예상된다.

에스엠코어 (007820)

- SK그룹의 물류 및 공장자동화장비 전문기업이다.

- 에스엠코어의 하드웨어(장비·기구) 역량과 더불어 SK의 사물인터넷·빅데이터·인공지능 융합물류 등 소프트웨어 역량이 결합되면서 글로벌 스마트팩토리시장 진출이 가속화될 것이다. 즉 SK의 글로벌 파트너사인 폭스콘과 협력해 충칭 스마트팩토리 사업 수행을 성공적으로 마무리했으며, 이를 바탕으로 향후 중국 전역 12개 공장과 인도 신규 공장으로의 확산을 추진중이다. 또한 국내외 반도체와 디스플레이 산업 등의 클린룸 자동화와 물류 장비시장을 개척하는 한편 중국 엑소더스 및 선진국의 리쇼어링에 맞추어 국내외 공장 스마트화 신규 추진 고객을 적극 발굴할 예정이다.

- 2017년 1월 인도 MRF에게 356억 규모의 타이어 공정자동화 시스템 수주를 받은 데 이어 향후 국내외 신규 수주가 가시화될 것이다. 특히 SK그룹 계열사 공장자동화 설비 도입 등으로 수주가 증가하고, SK하이닉스 설비투자에 발맞추어서 클린룸 자동화 및 물류장비시장에도 진출하므로 수주가 급성장할 것이다.

LS산전 (010120)

- LS그룹의 주력 자회사인 산업용 기기 전문 제조업체다.

- 실적 턴어라운드가 가시화되고 있다.

- LS산전의 자동화 부문은 생산 설비부터 정보 시스템까지 공정자동화를 통해 비용 절감, 품질향상 같은 생산력 향상을 목적으로 하는 기업에게 공급한다. 주요 제품으로는 인버터, PLC(Programmable Logic Controller, 입력된 프로그램으로 기계, 설비 및 가공·조립라인을 자동으로 제어하는 범용 기기), HMI(Human – Machine Interface, 자동화 설비의 운전 상태 제어를 위해 사용자가 디자인한 화면으로 작동하는 기기 및 소프트웨어), DCS(Distributed Control System, 공정제어 시스템으로 각 플랜트의 전체 계통에 대한 감시와 제어) 등이 있다.

- LS산전은 청주 1사업장에 스마트팩토리 생산라인을 적용해 부품 공급부터 조립·시험·포장 등 전 라인에 걸쳐 완전 자동화를 구현했다. 현재 정부가 주도하고 있는 중소기업 스마트팩토리 보급 확산사업은 물론 대·중견기업 FA시장도 공략하고 있어 향후 스마트팩토리 관련 매출이 증가할 것으로 예상된다.

- 2016년 부실 관련 일회성 비용이 일단락되는 환경에서 2017년에는 전력인프라, 자동화, 해외종속기업의 실적 회복을 비롯한 융합사업 등의 적자폭 축소 등으로 인해 LS산전의 실적 개선이 가시화될 수 있을 것이다.

포스코ICT (022100)

- 포스코그룹의 SI업체로 성장성 및 실적 호전 모멘텀이 기대된다.

- 2015년 12월부터 포스코는 광양제철소 후판공장을 시작으로 스마트팩토리 구축에 나서고 있다. 광양 후판공장 스마트팩토리 구축 프로젝트를 통해 데이터 기반의 일하는 방식을 정립하고, 제철공정에 적용가능한 표준모델을 개발해 향후 타 연속공정산업으로 확대 적용할 예정이다. 이에 따라 2017년부터 포스코ICT의 Smart IT사업부문에서 스마트팩토리 관련 매출이 성장할 것으로 예상된다.

- 포스코는 스마트팩토리 구현을 앞당기기 위해 2017년 말까지 포항제철소에 통합 데이터센터를 구축하기로 했다. 데이터센터는 매출상승에 기여할 것이다.

- 2016년 신규 수주금액 9,768억 원을 고려할 때 2017년 매출은 1조 원 수준을 넘을 것이다. 무엇보다 그동안의 포스코그룹 구조조정이 일단락뇌면서 2016년 포

스코향 수주가 대폭 증가했다. 2017년 수익성이 비교적 양호한 포스코향 매출은 증가할 것이며, 이는 곧 실적 턴어라운드의 원동력이 될 것이다.

Siemens (SIE. GR)

- 산업용 IoT 플랫폼 선도기업이다.

- 발전과 가스, 재생에너지, 에너지 관리, 빌딩 인프라 관리, 모빌리티, 디지털 팩토리, 공정산업, 헬스케어, 금융 등의 다양한 사업을 영위하고 있다.

- 스마트팩토리와 관련된 Siemens의 사업은 디지털 팩토리(제품 포트폴리오와 시스템 솔루션 제공)와 공정산업(모든 종류의 재공품 흐름의 이동·측정·제어를 최적화하기 위한 포괄적인 제품, 소프트웨어, 솔루션 및 서비스), 이렇게 두 부문이다.

- 산업용 IoT 플랫폼사업의 일환으로 '마인드스피어(mindsphere)'를 출시했다. 공장 자동화 장비와 솔루션의 글로벌 선도기업으로 성장하기 위해 향후 플랫폼 점유율을 높이는 전략을 펼칠 것으로 예상된다.

- 향후 스마트팩토리시장 성장으로 플랫폼 사용률이 높아지면 스마트팩토리와 관련 된 사업부문의 이익 기여도가 높아질 것으로 예상된다.

Mitsubishi Electric (6503. JP)

- 스마트팩토리 플랫폼인 e-F@ctory를 통한 성장이 기대된다.

- 공장 자동화, 에너지 및 전기 시스템, 정보 및 통신 시스템, 전기 소자, 홈 어플라이 언스 등의 사업을 영위하고 있다.

- PLC를 시작으로 CNC, HMI, 서버모터, 인버터, 산업용 로봇 등 다양한 공장 자 동화 제품 라인업을 보유하고 있을 뿐만 아니라 공정자동화 설비 등을 통합해 기 술검증, 상용화, 패키징이라는 목표하에 플랫폼을 구축했다. 이런 스마트팩토리 플

랫폼을 'e-F@ctory'라고 부르며, 이를 통해 FA와 IT의 융합에 의한 생산 최적화
를 도모하고 있다.

- 스마트팩토리 플랫폼인 e-F@ctory를 통해 성장하면서 수익성이 개선될 것으
로 예상된다.

Rockwell Automation (ROK. US)

- 산업 자동화 제품 및 정보 솔루션 전문기업이다.

- 스마트팩토리 비전인 커넥티드 엔터프라이즈를 통해 성장하고 있다.

- 제어와 정보 시스템으로 IT와 OT(제조운영기술)를 결합해, 생산현장과 상위의 기업
경영시스템(Enterprise Business System, ERP·CRM·SCM 등)을 통합한 스마트 매뉴
팩처링 비전 '커넥티드 엔터프라이즈(The Connected Enterprise)'를 통해 실질적인
생산제조 운영 시스템을 구현하고 있다.

- 스마트팩토리시장이 본격적인 개화로 인해 커넥티드 엔터프라이즈를 통한 성장으
로 실적 개선이 가능할 것으로 예상된다.

Fanuc (6954. JP)

- 산업용 로봇 및 공장자동화 전문기업이다.

- 산업용 로봇으로 스마트팩토리를 구현하고 있다.

- 가장 많은 로봇 운용 데이터를 갖고 있어 스마트팩토리 플랫폼의 개발단계에서부
터 앞서 나갈 수 있을 뿐만 아니라 공작기계, 조립기계, 산업용 로봇을 다양한 센서
에 접속시켜 공장 전체를 지능화할 수 있다.

- 스마트팩토리시장 성장으로 인해 스마트팩토리용 로봇의 수요 확대로 성장이 가
능할 것으로 예상된다.

스마트팩토리는 디지털화, 네트워크 연결화, 스마트화 등을 통해
각각의 디바이스 간에 스스로 커뮤니케이션 할 수 있는 지능형 팩토리를 구축하는 것이다.

THE FOURTH INDUSTRIAL REVOLUTION

PART 5

제4차 산업혁명 실현의
핵심 인프라는 통신이다

제4차 산업혁명의 지능화에는 초연결성(Hyper-Connectivity) 실현이 반드시 필요하기 때문에 인프라로서의 통신 네트워크 발전은 무엇보다 중요하다. 즉 사물인터넷을 통한 데이터 확보·교환과 더불어 클라우드 기반의 빅데이터 활용을 통해 언제 어디서나 맞춤형 서비스를 제공받을 수 있다. 또한 재난·응급·안전·보안 등 공공서비스 및 스마트시티·스마트팩토리 등 산업 전반의 전 영역으로 확대될 것이기 때문에 초고화질, 초실감형, 몰입형 콘텐츠의 일상화를 위해서는 트래픽 전송속도와 네트워크 용량의 획기적인 증대가 반드시 필요하다.

이에 따라 이동통신은 초고용량의 콘텐츠 전송, 자율주행 등 초저지연 서비스를 가능하게 하는 기술로서 차세대 네트워크의 중심축을 담당할 것이다. 그 뿐만 아니라 사물인터넷시장의 성장을 대비해 이동통신 기반의 NB-IoT가 상용화되는 등 이동통신 기반의 네트워크 기술로서도 확장성을 모색중이다. 5G가 가능한 모든 서비스를 단일 네트워크에서 구현하면서, 제4차 산업혁명시대에 이동통신을 넘어 차세대 네트워크의 핵심 인프라로 자리매김할 가능성이 매우 높다.

초연결이 가능한 네트워크를 통해 도시의 수많은 ICT 인프라가 연결되어 도시 관리의 효율성과 생태환경이 개선되는 스마트시티 등이 실현될 것이다. 또한 초고속·초저지연 네트워크를 통해 수술 부위에 대한 다각도의 초고화질·초실감형 영상이 현장에서와 같은 인지 속도로 제공되어, 원격 로봇제어에 의한 의료 수술이 가능하게 될 것이다.

한편 통신 서비스업체들의 5G서비스 관련 투자는 2018년부터 가능할 것으로 예상되므로, 이 시기에 무선 장비 관련 업체들에게는 큰 수혜가 예상된다. 즉 5G시대가 개막하면 SK텔레콤·KT·LG유플러스 등 국내 통신 3사는 큰 성장의 기회를 맞이할 것이다. 또한 5G는 총 투자규모가 크고 투자기간이 길어 기지국 장비, 스몰셀 등의 수혜도 예상된다.

유무선 통신 인프라 수준이 높은 우리나라와 달리 여타 다른 국가들은 데이터 활성화을 위한 광케이블 및 무선 업그레이드 투자를 지속적으로 진행중이다. 따라서 5G투자 본격화에 앞서서 업그레이드 통신 인프라 투자 환경으로 인한 실적 턴어라운드가 가시화될 수 있는 업체에도 주목해야 할 것이다.

지능화 시대에
통신 인프라 구축은 필수다

제4차 산업혁명은 정보통신의 융합을 통해 시작되고 있지만, 사물들이 지능화되고 더 나아가 네트워크 연결을 통해 높은 수준의 지능화로 발전하면서 새로운 패러다임의 산업화와 산업구조 변화를 초래할 것으로 예상된다.

이렇듯 제4차 산업혁명의 지능화에는 초연결성(Hyper-Connectivity) 실현이 반드시 필요하기 때문에 인프라로서의 통신 네트워크 발전은 무엇보다 중요하다. IoT를 통한 데이터 확보·교환과 더불어 클라우드 기반의 빅데이터 활용을 통해 언제 어디서나 맞

• 제4차 산업혁명시대에는 5G가 가능한 모든 서비스가 단일 네트워크에서 구현될 것이다.

춤형 서비스를 제공받을 수 있다. 또한 재난·응급·안전·보안 등 공공 서비스와 스마트시티·스마트팩토리 등 산업 전반으로 확대 될 것이기 때문에 초고화질, 초실감형, 몰입형 콘텐츠의 일상화 를 위해서는 트래픽 전송속도와 네트워크 용량의 획기적인 증대 가 반드시 필요하다.

이에 따라 이동통신은 초고용량의 콘텐츠 전송, 자율주행 등 초저지연 서비스를 가능하게 하는 기술로서 차세대 네트워크의 중심축을 담당할 것이다. 그뿐만 아니라 IoT시장의 성장을 대 비해 이동통신 기반의 NB-IoT가 상용화되는 등 이동통신 기 반의 네트워크기술로서도 확장성을 모색중이다. 여기서 NB-IoT(Narrow Band Internet of Things)란 롱텀에벌루션(LTE) 주 파수를 이용한 저전력·광역(LPWA; LowPower Wide Area) 사물터넷 기술 중 하나로 저용량 데이터를 간헐적으로 전송하는 추적·센싱·검침 등에 활용한다. 5G가 가능한 모든 서비스가 단일 네트워크에서 구현되면서, 제4차 산업혁명시대에 이동통신을 넘어 차세대 네트워크의 핵심 인프라로 자리매김할 가능성이 매우 높다.

이를 위해 5G이동통신이 2020년경 상용화를 목표로 초다중연결 등의 속성을 포함한 표준 규격을 개발하고 있다. 또한 수많은 연결을 통해 발생되는 천문학적 데이터를 전송하기 위해 현재보다 수십 배 빠른 초고속의 네트워크가 요구된다.

따라서 유선 네트워크에서는 기가 인터넷을 넘어 Beyond 기가속도를 제공하는 기술개발이 진행되고 있으며, 5G이동통신에서는 단말기별 1Gbps 제공 및 1ms 이하의 초저지연을 목표로 기술개발이 추진되고 있다.

초연결이 가능한 네트워크를 통해 도시의 수많은 ICT 인프라가 연결되어 도시 관리의 효율성과 생태환경이 개선되는 스마트 시티 등이 실현될 것이다. 또한 초고속·초저지연 네트워크를 통해 수술 부위에 대한 다각도의 초고화질·초실감형 영상이 현장에서와 같은 인지 속도로 제공되어, 원격 로봇제어에 의한 의료 수술이 가능할 것이다. 뿐만 아니라 도로의 수많은 차량과 주변 상황의 데이터를 수집·분석한 정보를 초저지연으로 전달받아 자율주행이 가능한 자동차도 도래할 것이다.

2020년부터 5G이동통신 본격화로
초연결성 시대가 열린다

모바일의 이동 서비스는 10년 주기로 새롭게 나타난다. 2G이
동통신이 상업적으로 사용되기 시작한 시기는 1992년이었으며,
3G이동통신은 2001년, 4G이동통신은 2011년이었다. 5G이동
통신이 상업적으로 사용될 것이라고 예상하는 시기도 2020년
이다.

　2G이동통신은 음성 위주의 서비스를, 3G이동통신은 데이터

이동통신 서비스의 진화

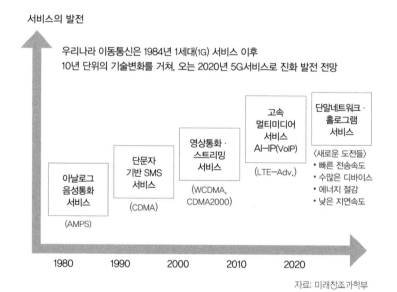

서비스의 발전

우리나라 이동통신은 1984년 1세대(1G) 서비스 이후
10년 단위의 기술변화를 거쳐, 오는 2020년 5G서비스로 진화 발전 전망

단말네트워크 ·
홀로그램
서비스

〈새로운 도전들〉
• 빠른 전송속도
• 수많은 디바이스
• 에너지 절감
• 낮은 지연속도

고속
멀티미디어
서비스
AI-IP(VoIP)

(LTE-Adv.)

영상통화 ·
스트리밍
서비스

(WCDMA,
CDMA2000)

단문자
기반 SMS
서비스

(CDMA)

아날로그
음성통화
서비스

(AMPS)

1980　1990　2000　2010　2020

자료: 미래창조과학부

4G와 5G의 핵심 성능 비교

	4G	5G
최대 전송속도	1Gbps	20Gbps
이용자 체감 전송속도	10Mbps	100~1000Mbps
주파수 효율성	–	4G 대비 3배
고속 이동성	350Km/h	500Km/h
전송지연	10ms	1ms
최대 기기 연결수	10만/Km²	100만/Km²
에너지 효율성	–	4G 대비 100배
면적당 데이터 처리용량	0.1Mbps/m²	10Mbps/m²

자료: 미래창조과학부

서비스의 시작점을 제공했으며, 4G이동통신에서는 데이터 서비스가 중심이 되는 시대를 열었다. 즉 4G이동통신에서는 동영상을 포함한 멀티미디어·인터넷 등의 서비스가 모바일 환경에서도 주된 콘텐츠로 자리잡게 되었다. 이는 무선 네트워크가 3G에서 4G로 진화함으로써 전송속도가 급속도로 향상되었기 때문이다.

바야흐로 제4차 산업혁명시대를 맞아 새로운 5G이동통신에 대한 논의가 국내외에서 본격적으로 진행되고 있다. 5G의 전송속도는 4G보다 20배 빠른 20Gbps로 25GB 용량의 4K UHD 영상을 10초에 내려받을 수 있을 뿐만 아니라 1km² 내에 있는 100만 개의 IoT 적용기기에 서비스를 제공할 수 있다.

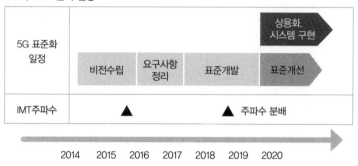

ITU의 5G 표준화 일정

5G 표준화 일정				상용화, 시스템 구현
	비전수립	요구사항 정리	표준개발	표준개선
IMT주파수	▲		▲ 주파수 분배	

2014 2015 2016 2017 2018 2019 2020

자료: ITU(국제전기통신연합)

ITU(International Telecommunication Unio, 국제전기통신연합)는 2020년까지 5G의 상용화를 목표로 2017년부터 5G후보기술을 표준화해 2020년 완료할 예정이며 초고용량 실감형 데이터 서비스, 초실시간 처리 서비스, 증강현실 서비스, 초연결 통신 서비스 등이 가능할 것으로 예상된다. 먼저 대폭 증대된 전송속도로 인해 HD 해상도의 4배에 해당하는 4K - UHD 등의 초고용량 영상 콘텐츠가 보편화될 것이며, 장기적으로는 3D영상 또는 홀로그램 서비스로 확대될 것으로 전망한다.

또한 네트워크의 지연시간이 수 ms로 줄어들게 되면서 사용자가 생각하는 순간에 반응하는 양방향 초실시간 서비스와 현실에 가까운 실감환경을 제공하는 AR·VR 서비스가 가능하게 될 것이다. 무엇보다 IoT, 커넥티드카, 각종 센서 및 다양한 IoT디바이스에 대한 실시간 통신 및 제어 서비스가 가능할 것이다.

5G 시범 서비스의
주요 국가 추진 현황

KT는 평창올림픽 시범 서비스 제공을 위해 2015년 9월 평창 5G –
SIG(5G 규격 협의체)를 출범했으며, 2016년 11월 KT 5G 공통규격
을 공개하고 필드 테스트를 마쳤다. 2017년 11월까지 평창올림픽
경기장을 중심으로 시범망 구축을 완료하고, 2018년 2월 평창올
림픽 기간 동안 시범 서비스를 제공할 예정이다.

미국의 AT&T와 Verizon은 5G로드맵을 발표하고, 2017년 하
반기에서 2018년에 pre – 5G 또는 모바일 5G서비스를 제공할 계
획으로 사전 테스트중이다.

일본은 NTT도코모가 2020년 5G상용화를 위해 2016년 3월부
터 기초기술을 검토하고 있으며, 2017년 5월부터 철도·방송·자
동차 등 다양한 분야의 파트너들과 협력해 5G이동통신을 위한
시범사업을 실시하고 있다.

중국 차이나 모바일 또한 2020년 상용화를 목표로 2017년 5G
기술 테스트를 실시하고, 2020년까지 약 1만 개의 기지국을 구축
한다는 계획을 발표했다.

통신 인프라 투자환경으로 인한
수혜 기업에 주목하자

글로벌 시장조사기관 IHS에 따르면 2035년 5G의 생산유발 등 글로벌 경제효과는 12조 3천억 달러에 달할 것으로 예측했다.

일본 최대 통신사인 NTT도코모는 2020년 도쿄올림픽 개최에 맞추어 5G상용화를 추진하고 있다. 또한 차이나모바일·차이나텔레콤·차이나유니콤 등 중국 3대 통신사도 2020년까지 5G서비스를 위한 통신망 정비에 52조 원을 투입하겠다고 발표했다.

우리나라의 KT는 중국·일본보다 1년 앞선 2019년에 세계 최초로 5G를 상용화할 방침으로, 2018년 평창동계올림픽에서 5G 시범 서비스를 선보일 예정이다. 이를 위해 2017년 9월까지 평창·정선·강릉과 서울 일부 지역에 5G시험망 구축을 끝마칠 계획이다. SK텔레콤 역시 2019년까지 5G상용화를 위한 준비를 모두 마칠 것으로 예상된다.

통신 서비스업체들의 5G서비스 관련 투자는 2018년부터 가능할 것으로 예상되므로, 이 시기에 무선 장비 관련 업체들에게는 큰 수혜가 예상된다. 즉 5G시대가 개막하면 SK텔레콤·KT·LG유플러스 등 국내 통신 3사는 큰 성장의 기회를 맞이할 것이다. 또한 5G는 총 투자규모가 크고 투자기간이 길어 기지국 장비, 스몰셀 등의 수혜도 예상된다.

유무선 통신 인프라 수준이 높은 우리나라와 달리 여타 다른 국가들은 데이터 활성화를 위한 광케이블 및 무선 업그레이드투자를 지속적으로 진행중이다. 따라서 5G투자 본격화에 앞서 업그레이드 통신 인프라 투자환경으로 인한 실적 턴어라운드가 가시화할 수 있는 업체에도 주목해야 한다.

어떤 주식을 사야
돈을 벌 수 있을까?

SK텔레콤(017670), KT(030200), LG유플러스(032640), 대한광통신(010170), 오이솔루션
(138080), 케이엠더블유(032500), 이노와이어리스(073490), 엔텔스(069410)

SK텔레콤 (017670)

• New ICT 생태계를 구축하고 있다.

• SK텔레콤은 'New ICT 생태계 구축'이라는 목표 아래 AI·자율주행차 등 제4차 산
업혁명의 기술과 생태계를 키우는 데 5조 원, 통신네트워크 발전에 6조 원 등 총
11조 원을 2019년까지 투자할 계획이다. 즉 5G통신기술을 기반으로 인공지능·
사물인터넷·자율주행 등 New ICT 영역에서도 주도권을 확보하겠다는 방침이다.

• SK텔레콤은 2017년 하반기 5G 시범 서비스 추진, 2020년 상용화를 목표로 하고
있다. 또한 AT&T·도이치텔레콤·에릭슨 등 15개 글로벌 이동통신업체 등으로 구
성된 5G 글로벌 공동 협력체에 5G상용화를 위한 글로벌 표준화 작업에도 참여
하고 있다.

• SK텔레콤은 2016년 9월 음성인식 인공지능 서비스 '누구'를 탑재한 스피커형 디바
이스를 선보여, 금융·건설·유통·콘텐츠 등 이종산업 간의 융합을 통해 플랫폼으로
서의 역할이 강화될 것으로 예상된다.

- 자율주행차의 기술발전속도가 빨라지면서 HD맵은 필수적인 요소로 부상하고 있다. SK텔레콤은 NVIDIA와 협약을 통해 자율주행기술의 기반이 될 T맵의 정밀도를 지금보다 10배 높인 HD T맵으로 진화시켜 시장을 선도할 방침이다.

KT(030200)

- 통신 서비스업체로, 2019년 세계 최초 5G상용화를 목표로 하고 있다.

- KT는 네트워크 인프라스트럭처를 기반으로 본연의 유무선 통신 서비스에서 더 나아가 5G상용화, 인공지능기술 심화 및 적용 분야 확대, 스마트에너지 및 신재생에너지사업 확대 등으로 제4차 산업혁명을 전개할 예정이다.

- KT는 2018년 평창 동계올림픽 5G 시범 서비스를 시작으로 2019년 전 세계 최초 5G상용화를 목표로 하고 있다. 이와 같은 5G는 인공지능·사물인터넷·빅테이터 등과의 결합을 통해 생활은 물론 산업 패러다임 자체를 혁신적으로 변화시킬 것이다.

- KT에서 2017년 1월 말 출시한 '기가지니'는 스피커와 함께 카메라를 내장한 새로운 IPTV 셋톱박스의 이름이자 AI 기반의 홈비서 서비스다. 원하는 TV 콘텐츠나 음악을 말하면 기기가 음성을 인식해 그것을 보거나 들을 수 있고, 스케줄 확인이나 음식 배달 서비스도 이용할 수 있다. 또한 미래에셋대우와 MOU를 맺고 기가지니의 음성인식과 인공지능기술에 미래에셋대우의 금융정보를 접목시켜서 음성으로 주가와 지수·시황정보·종목 및 금융상품 추천 등을 할 수 있다.

- 정보통신기술과 에너지를 접목한 스마트에너지사업을 전개할 예정이다. 세계 최초 에너지 통합관제센터 KT-MEG를 설치해 생산-소비-거래 분야의 다양한 사업을 추진하고 있다. 또한 신재생에너지를 핵심사업으로 추진해 저탄소 발전 확대와 에너지 신산업 활성화 등에 힘쓸 예정이다. 뿐만 아니라 에너지관리시스템(EMS)을 자체 개발해 건물의 에너지 절감이나 신재생에너지 연계 운영을 통해 본격 상용화한다는 방침이다.

- KT컨소시엄(KT·BC카드·농림축산검역본부·질병관리본부)이 2017 빅데이터 플래그십 프로젝트(빅데이터 활용 인간·동물 감염병의 확산 방지 체계 구축 프로젝트)의 최종 사업

자로 선정되었다. 인간 감염병이 발생될 경우 BC카드가 보유한 카드 데이터와 KT
의 통신 데이터를 분석하고, 질병관리본부와 협력해 감염병 확진자의 동선과 접촉
자를 파악할 수 있는 시스템 구축에 나설 예정이다.

LG유플러스 (032640)

- 통신 서비스업체다.

- 사물인터넷·빅데이터·커넥티드카 등 사업분야 전개를 추진중이다.

- LG유플러스는 제4차 산업혁명의 핵심 사업자가 되기 위해 사물인터넷·빅데이터·
  커넥티드카 등에 우선순위를 두고 있다.

- 사물인터넷의 경우 개인용(B2C)에서 누적 가입자 수가 증가하고 있으며, 기업용
  (B2B) 분야는 LG전자와 LG디스플레이 등 그룹사 적용을 시작으로 2017년부터 본
  격적으로 공략에 나섰다. 특히 IoT전용망 협대역(NB)-IoT 상용화를 기점으로 전
  기·가스·안전 등 생활 민감도가 높은 상품 쪽으로 다변화를 추진중이다.

- 빅데이터의 경우 빅데이터 센터를 신설했으며, 사용자의 시청이력과 취향을 파악
  해 관련 동영상을 추천하는 U+비디오포털 개인 맞춤추천 등의 서비스를 제공하
  고 있다.

- LG유플러스는 2016년 9월 쌍용자동차와 인도 마힌드라그룹 테크마힌드라와 손
  을 잡고 쌍용자동차의 커넥티드카 사업을 함께 진행한다. 자동차가 결제수단이 되
  는 커넥티드카 커머스도 준비중으로, 차량에 탄 채로 쇼핑을 하는 분야가 타깃이다.

대한광통신 (010170)

- 광섬유와 광케이블 전문 제조업체다.

- 광섬유 Shortage로 실적 급상승이 예상된다.

156

- 광케이블 산업의 경우 통신 네트워크 신규 구축이나 기존 네트워크의 고도화 투자 수요에 의존적이다. 따라서 신흥국의 국가 인프라 확충 및 개선 수요와 더불어 북미와 유럽 등 선진국에서의 지속적인 교체수요 등을 기반으로 높은 수준의 수요 증가세가 이어질 것으로 예상된다. 특히 광케이블의 세계 최대 수요처인 중국이 국가적 차원에서 네트워크 고도화를 추진함에 따라 수요 증가세가 이어지고 있다. 미국과 중국의 데이터 네트워크 구축 증가로 인해 광케이블의 원료인 광섬유 수요가 급증하면서 2015년 하반기부터 광섬유 공급부족현상이 나타나기 시작했고, 이에 따라 2016년 하반기부터 광섬유가격이 상승하기 시작했다.

- 데이터 사용량증가로 인한 네트워크 구축 등의 이유로 광섬유시장의 지속적인 수요 증가가 기대됨에 따라, 전문가들은 광섬유 공급부족현상이 2017년에도 지속될 것으로 전망하고 있다. 따라서 2017년부터 대한광통신은 광섬유 공급부족에 따른 가격상승이 반영되면서 실적 턴어라운드가 가속화할 것으로 예상된다.

오이솔루션(138080)

- 광트랜시버 전문 제조업체다.

- 광통신망 확대에 큰 역할을 하고 있다.

- 국내외에서 정보통신기기에 사용하는 데이터 트래픽이 증가하면서 광트랜시버 수요가 크게 늘어나고 있다. 특히 미국의 경우 2016년부터 통신사업자의 LTE-A Pro(LTE-Advanced Pro, 4.5G) 서비스 확대와 케이블방송사업자의 투자가 증가했으며, 일본은 2020년 도쿄 올림픽을 계기로 고화질 영상 서비스를 위한 광통신 투자를 늘리고 있어 광트랜시버 수요의 큰 증가가 예상된다.

- 이러한 환경에서 오이솔루션은 미국 투자 확대 등에 힘입어 노키아향 매출이 증가할 것으로 예상되며, 일본의 경우 FTTH 기가 인터넷 확산으로 1.25G, 2.5G에서 10G로 수요가 이동하고 있어서 10G EPON와 관련된 매출증가도 기대된다. 또한 광네트워크 구축 비용을 대폭 줄이면서도 데이터 수용능력을 확대한 제품인 CSC LambdaRich 트랜시버의 매출 성장도 예상된다.

- 현재 LTE-A Pro투자에 이어 향후 5G투자가 진행될 것이다. 이러한 5G투자가 진행되면 고부가가치 트랜시버의 수요가 증가해 성장의 발판이 될 것이다.

케이엠더블유 (032500)

- 통신장비 부품과 LED 조명사업을 영위하며 5G투자 수혜가 예상된다.

- 통신장비의 주력제품인 RF부품·안테나·RRH·스몰셀 등은 5G투자에 구조적 수요 확대가 가능한 품목들로, 향후 5G네트워크망 투자의 수혜가 가장 클 것으로 기대된다.

- 2016년 말부터 미국 Sprint사의 4G 보완투자가 시작됨에 따라 2017년 통신장비 부품의 실적 턴어라운드가 예상되며, 2018년에는 5G투자에 따른 수혜가 예상된다.

이노와이어리스 (073490)

- 통신용 시험과 계측장비 및 Small Cell 제조사업을 영위하는 통신장비업체다.

- Small Cell투자의 수혜가 예상된다.

- 5G는 4G와 달리 스몰셀 형태로 기지국을 추가 구축해야 하기 때문에 대규모 투자가 필요하다. 따라서 이노와이어리스의 수혜가 기대되는데 이노와이어리스 실적 개선은 통신사의 5G 관련 설비투자가 개시되는 2018년으로 예상된다.

엔텔스 (069410)

- 통신 서비스 운영지원 솔루션(S/W) 전문 기업이다.

- 5G가 상용화되면 매출이 한 단계 레벨업 할 것이다.

• 5G를 도입하면 데이터 트래픽의 증가가 예상되기 때문에 데이터 트래픽의 혼잡을 제어하고 부하를 분산시키는 솔루션를 비롯해 데이터 사용에 따른 과금, 데이터 사용 결과 분석 플랫폼의 사용증가도 필연적이다. 따라서 5G의 상용화에 따른 매출증가가 기대된다.

THE FOURTH INDUSTRIAL REVOLUTION

PART 6

'제2의 인터넷'인
블록체인에 주목하자

제4차 산업혁명이 도래하고 있는 가운데 전 세계가 점차 초연결사회(Hyper-connected Society)로 진입하고 있다. 초연결사회는 디지털기술을 통해 사람과 사람, 사람과 사물, 사물과 사물이 다수 대 다수로 온라인과 오프라인을 넘나들며 긴밀하게 연결되는 세상을 의미한다. 정부나 기업을 포함한 어떤 주체도 독자적인 생존이 어렵기 때문에 협업·투명성·지식공유·권한분산 등을 통한 개방으로 경쟁력을 제고시킬 수 있다.

블록체인은 개인 간(P2P) 분산 네트워크를 기반으로 거래정보를 분산시켜 보관하고 거래 참가자 모두가 그 정보를 공유하는 분산형 디지털 장부다. 블록체인은 생성된 순서대로 정보 저장 단위인 블록을 연결하는 과정에서 유효성을 검증함으로써 정보의 위·변조를 방지할 수 있다. 블록체인기술의 핵심은 신뢰기관 없는 개인 간(P2P) 신뢰 네트워크 구축이며, 현재 지속적으로 발전하고 있다.

블록체인은 기존 산업의 모습을 크게 변화시킬 뿐만 아니라 민간부문과 공공부문 등 활용 가능 분야에 제한이 없어 사회 전 영역에 걸쳐 영향을 미칠 것으로 예상된다.

제4차 산업혁명인 초연결사회에서는 반드시 블록체인이 필요할 것이다. 따라서 블록체인은 미래를 바꿀 혁신기술로서 그 파급력에 대한 관심이 증대되고 있을 뿐만 아니라, 향후 인터넷에 버금가는 변혁을 주도할 것으로 예상된다.

한편 제4차 산업혁명을 맞이해 블록체인에 대한 투자가 활발히 진행될 것으로 예상되는 가운데, 특히 삼성에스디에스는 기업용 블록체인 플랫폼과 블록체인 관련 다양한 기술을 보유하고 있으므로 수혜가 예상된다.

초연결사회에서는 블록체인이
변혁을 주도한다

제4차 산업혁명이 도래하고 있는 가운데 전 세계가 점차 초연결
사회(Hyper–connected Society)로 진입하고 있다. 초연결사회
는 디지털기술을 통해 사람과 사람, 사람과 사물, 사물과 사물이
다수 대 다수로 온라인과 오프라인을 넘나들며 긴밀하게 연결되
는 세상을 의미한다. 정부나 기업을 포함한 어떤 주체도 독자적
인 생존이 어렵기 때문에 협업·투명성·지식공유·권한분산 등을
통한 개방으로 경쟁력을 제고시킬 수 있다.

　금융거래 등의 정보를 중앙 서버에 기록하고 보관하는 중앙

기존 전자금융거래 Vs. 블록체인 기반 전자금융거래

기존 전자금융거래	구분	블록체인 기반 전자금융거래
	구조	
• 중앙집중형 구조 • 중앙서버가 거래 공증 및 관리 • 개인과 '제3자 신뢰기관(은행·정부 등)'의 거래	개념	• 분산형 구조 • 거래내역이 모든 네트워크 참여자에게 공유 및 보관 • 모든 거래 참여자가 거래 내역을 확인하는 공증 및 관리
• 장점: 빠른 거래 속도 • 단점: 해킹에 취약, 중앙 시스템 보안 위험 및 관리 비용 높음	특징	• 장점: 거래 정보의 투명성, 적은 시스템 구축 및 유지보수 비용, 해킹 공격 불가능 • 단점: 상대적으로 느린 거래 속도, 제어의 복잡성

자료: 금융보안원

집중형 네트워크 방식과 달리, 블록체인은 개인 간(P2P) 분산 네트워크를 기반으로 거래정보를 분산시켜 보관하고 거래 참가자 모두가 그 정보를 공유하는 분산형 디지털 장부다. 블록체인은 2008년 가상화폐 비트코인의 등장과 함께 세상에 알려졌다. 즉 거래정보가 블록에 저장되고 여기에 사용자의 공개키 서명값을 첨부해 하나의 블록을 구성한 해시 결과를 연결고리로 삼아, 각 블록이 이전 블록의 정보를 갖고 서로 연관되어 있는 구조다.

블록체인을 통한 거래 프로세스

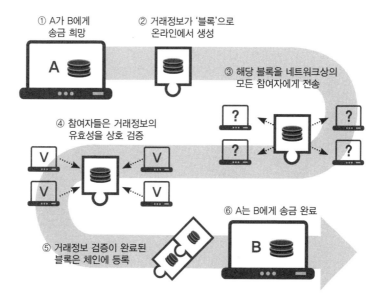

① A가 B에게
송금 희망

② 거래정보가 '블록'으로
온라인에서 생성

③ 해당 블록을 네트워크상의
모든 참여자에게 전송

④ 참여자들은 거래정보의
유효성을 상호 검증

⑤ 거래정보 검증이 완료된
블록은 체인에 등록

⑥ A는 B에게 송금 완료

자료: 금융보안원

　블록체인 혁명은 생산자와 소비자를 직접 연결해 가격을 낮추고, 속도를 높이고, 범위를 확장한 인터넷 혁명과 맞닿아 있다. 예를 들어 금융거래에서 투자자가 은행·보험사·증권사 등을 거치지 않고 직접 대출자를 연결하는 금융직거래 플랫폼이 있다.

　제4차 산업혁명인 초연결사회에서는 반드시 블록체인이 필요할 것이다. 따라서 블록체인은 미래를 바꿀 혁신기술로서 그 파급력에 대한 관심이 증대되고 있을 뿐만 아니라, 향후 인터넷에 버금가는 변혁을 주도할 것으로 예상된다.

사회 모든 영역에 걸쳐
큰 영향을 미칠 블록체인

블록체인은 생성된 순서대로 정보저장 단위인 블록을 연결하는 과정에서 유효성을 검증함으로써 정보의 위·변조를 방지할 수 있다. 블록체인기술의 핵심은 신뢰기관 없는 개인 간(P2P) 신뢰 네트워크 구축이며, 현재 지속적으로 발전하고 있다.

블록체인 구조에서는 정보가 분산되어 있기 때문에 중앙 서버에 모든 것을 보관하는 것보다 상대적으로 높은 보안을 유지할 수 있으며, 모든 참여자들이 정보를 공유하기 때문에 기본적으로 모든 거래기록이 개방되어 투명한 거래가 가능하다. 또한 거래의 승인 기록이 다수 참여자로 인해 자동으로 실행될 뿐만 아니라 제3자의 공증이 없어지기 때문에 불필요한 수수료가 들지 않으며, 시스템 통합에 따른 복잡한 프로세스와 인프라 비용도 급감하게 된다.

이러한 장점들로 인해 블록체인은 기존 산업의 모습을 크게 변화시킬 것으로 예상된다. 또한 블록체인 기술을 활용할 수 있는 분야도 민간부문과 공공부문 등 사회 전반에 걸쳐 존재할 것으로 판단된다.

현재 가장 활발히 확산·적용되고 있는 곳은 금융 서비스 분야다. 즉 분산화 원장기술을 사용해 높은 보안성, 거래내역의 투명

168

블록체인기술이 가져올 금융 서비스의 변화

블록체인 등 첨단기술	지급결제	실시간 국제 송금, 환전 서비스, 새로운 소액 결제 시스템 등
금융산업의 블록체인 활용효과 • 운영절차 간소화 • 규제의 효율성 향상 • 거래상대방 위험 감소 • 청산 및 결제시간 단축 • 유동성·자본효율성 개선 • 부정거래 발생 최소화	보험계약	스마트계약을 통한 자동화된 손해보험 청구, 심사 시스템 등
	예금대출	직접적인 수출, 수입 무역금융, 실시간 신디 케이트론 서비스 등
	자본조달	데이터에 기반한 조건부 전환 증권발행을 통 한 자금조달 등
	자산관리	실시간 데이터 업데이트 및 반영, 종합 자산 평가심사 자동화 등

자료: 세계경제포럼, 삼정KPMG 재인용

성, 비용 절감, 빠른 처리 속도 등의 장점을 가지고 있어 금융 시스템의 새로운 패러다임으로 급부상중이다.

국내 금융권에서는 처음으로 주요 증권사를 중심으로 블록체인 인증 서비스 시범사업이 2017년 9월에 시작될 예정이다. 블록체인 인증 서비스는 공인인증서를 새로 발급받거나 등록하는 번거로움을 줄일 수 있다는 점에서 투자자들의 편의성을 높일 것으로 기대된다. 투자자들은 기존의 공인인증서와 블록체인 공인인증서 중에서 더 편리한 것을 선택해 사용하면 된다. 2~3개월의 시범사업기간을 거쳐 10여 개 주요 증권사에서 상용화될 예정이어서 국내 금융권에도 블록체인 바람이 확산될 것으로 전망된다. 증권사를 시작으로 은행·보험 등 범금융권과도 블록체인 인증 서비스를 공유할 계획으로, 유료 범용인증서를 사용해야만 가능한 금융업권 간 금융거래도 개선될 전망이다. 이와 같은 블록체인 인증 서비스를 시작으로 2018년에는 개인정보 노출자 사고 예방 시스템, 문서부인방지와 의심·혐의거래 등 정보공유, 금융투자상품 청산결제 업무 자동화 등으로 블록체인기술을 확대·적용할 계획이며, 오는 2020년에는 채권·장외파생상품 거래까지 저변을 늘릴 방침이다.

제조·유통부문에서의 블록체인 활용 가능성도 확대되고 있다. 특히 블록체인기술이 실시간으로 정보의 흐름을 제공해주는 IoT기술과 결합될 경우 새로운 형태의 공급망이 등장할 것이다. 또한 공공부문에서도 블록체인을 활용해 토지대장관리, 전자시민권발급, 표결관리를 추진하는 등 변화의 모습이 나타나고 있다.

일례로 중국 월마트는 2016년 11월 돼지고기 유통 시스템을 블록체인 방식으로 구축해, 돼지고기가 사육과 도축 단계를 거쳐 슈퍼마켓 매대에 오를 때까지의 각종 유통 정보를 블록체인에 자동으로 기록되도록 했다. 한 번 기록되면 조작이 불가능한 블록체인의 비가역성을 이용해 원산지나 유통기한을 조작할 수 없도록 한 것이다. 모든 거래 정보가 디지털화 되어 돼지고기 유통과정 추적에 걸리는 기간도 수개월에서 단 몇 분으로 크게 단축되었다.

2017년 3월에 세계 최대 해운사인 덴마크 머스크라인이 IBM과 제휴해 자사 물류체계를 블록체인 방식으로 개편한다고 예고

했다. 화물운송을 맡긴 화주, 해운사, 항만 관리소, 세관 등에 모든 해운거래계약과 선적량이 통보되고 실시간으로 공유된다. 머스크라인은 통관절차 단축과 화물선적 효율증대로 연간 수십 억 달러 비용이 감축될 것으로 내다보았다.

무엇보다 블록체인의 확장성을 높여주는 핵심기능은 바로 '스마트계약'이다. 스마트계약이란 블록체인을 통해 서로 합의된 조건을 만족하면 자동적으로 거래를 가능하게 만든 것인데, 계약 이행을 촉구하기 위한 추가적인 관리비용이나 시간이 절약되고 계약 불이행의 위험도 원천 배제되어 경제적이다.

이와 같은 스마트계약을 통한 거래가 확산되면 금융은 물론 행정·법률·부동산 등 거의 모든 영역에서 중개업을 담당하는 전문가나 기관의 힘이 축소되고, 절차나 비용도 간소해질 것으로 기대된다. 가령 에스크로 서비스의 경우 지금은 판매자와 구매자 간 중개역할을 하는 신뢰할 만한 제3자 기관이 필요하나, 앞으로는 스마트계약 조건으로 구매자 입금을 설정하고 블록체인이 이를 충족했다고 판단하면 상품이나 서비스 제공을 자동으로 이행하는 것이다.

공공부문에서는 토지대장 관리, 전자시민권 발급, 표결 관리 등이 스마트계약으로 진행될 수 있다. 자동차업계에서는 차량 공유, 리스, 포인트 제공 등이 진행될 수 있으며, 음원·콘텐츠 산업에서는 음원 유통과 로열티 분배 등을 진행할 수 있다.

두바이는 2020년까지 모든 공문서를 블록체인으로 관리하도록 할 방침이다. 온두라스 정부도 부정부패와 탈세를 막기 위해 블록체인을 이용한 부동산 등기 시범 시스템을 구축했다.

국내 비금융권에서도 블록체인기술 도입이 속속 이루어지고 있다. 삼성에스디에스의 경우 블록체인사업을 본격적으로 전개하기 위해 자체 개발한 블록체인 플랫폼 '넥스레저'를 공개하고, 블록체인 기반 신분증 관리와 지급 결제 서비스를 상용화했다. 또한 SK C&C는 국내외 선사들을 위한 블록체인 물류 서비스를 개발해 선주, 육상 운송업자, 화주 등 물류 관계자가 P2P 네트워크로 물류정보를 공유·관리할 수 있는 서비스를 제공하고 있다.

블록체인 수혜 기업에
주목하자

글로벌 리서치 등에 따르면 블록체인(비트코인 포함) 분야의 VC 자금은 2012년 약 2백만 달러에서 2015년 6억 9천만 달러로 증가했으며, 블록체인기술에 대한 예상 자본시장 지출액 또한 2014년 3천만 달러에서 2019년 4억 달러로 증가할 것으로 예상된다.

해외에서는 시티은행·골드만삭스·유럽은행연합·도이치은행 등 은행과 증권 관련 금융기관들이 실제 금융거래에 적용할 수 있는 플랫폼을 개발하거나 블록체인 스타트업에 투자하고 있다. 또한 국내 5개 은행(IBK기업·신한·KB국민·KEB하나·우리)도 R3CEV 컨소시엄에 순차적으로 가입하고 공동연구와 프로젝트 추진을 가속화하고 있으며, 금융기관이 아닌 ICT 기반의 업체 중심으로 블록체인기술을 활용한 결제·거래·보안·인증 등의 사업이 초기 단계에 있다.

기술적인 측면에서 블록체인을 전 산업에서 활용하기 위한 다양한 솔루션이 개발되고 있다. 또한 다양한 산업 분야로의 확장성이 크기 때문에 개별 기업의 독자적인 노력보다는 ICT 기업들과의 파트너십 구축이 효과적이다.

제4차 산업혁명을 맞이해 블록체인에 대한 투자가 활발히 진행될 것으로 예상된다. 그런 가운데 특히 삼성에스디에스는 기업용 블록체인 플랫폼과 블록체인 관련 다양한 기술을 보유하고 있으므로 수혜가 예상된다.

어떤 주식을 사야
돈을 벌 수 있을까?

삼성에스디에스(018260)

삼성에스디에스 (018260)

- 삼성그룹의 SI업체다.

- 블록체인 등 제4차 산업혁명 관련 기술에 주목하고 있다.

- 2017년 4월 삼성에스디에스는 제4차 산업혁명의 핵심기술로 부각되고 있는 블록체인기술을 활용한 기업용 블록체인 플랫폼 '넥스레저'와 더불어 블록체인 디지털 신분증, 블록체인 금융 결제 서비스 등을 선보였다. 향후 블록체인·생체인증·페이먼트 등 기술을 접목해 금융뿐만 아니라 공공·제조·물류·유통 등 다양한 영역으로 블록체인사업을 확대할 것으로 예상된다.

- 삼성에스디에스는 지난 30년간 삼성전자 등 다수 기업의 공장과 제조현장에 적용한 기술을 집대성해 완성한 스마트팩토리 솔루션 '넥스플랜트'를 2016년 말에 출시했다. 삼성전자의 국내외 라인 증설 등 투자가 증가하는 환경에서 삼성에스디에스의 넥스플랜트 적용으로 2017년부터 매출상승이 본격화될 것으로 예상된다. 또한 쇼핑 경험, 고객 맞춤형 판매, 영업지원 등 다양한 기능을 제공하는 유통 솔루션 '넥스샵'을 전 세계 삼성전자 매장에 공급하고 있다.

• 제4차 산업혁명과 관련해 스마트팩토리, 빅데이터 분석, AI, 클라우드, 스마트물류, 블록체인 등의 신규사업 가시화와 확대로 인해 삼성에스디에스 성장성이 부각될 수 있을 것이다.

THE FOURTH INDUSTRIAL REVOLUTION

PART 7

제4차 산업혁명시대, 수술도 로봇이 한다

향후 3D프린팅, 사물인터넷, 웨어러블 인터넷, 이식기술, 주머니 속의 슈퍼컴퓨터, 커넥티드 홈, 인공지능과 의사결정, 로봇과 서비스 등과 같은 제4차 산업혁명 관련 기술로 인해 바이오헬스산업은 크게 성장할 것으로 예상된다.

그 중에서도 의료용 로봇이 크게 주목받고 있다. 의료용 로봇은 환자에게는 수술시간 단축과 더불어 출혈·전염 가능성 감소 등의 효과를 주고, 의사에게는 피로감과 수술시 떨림 현상을 줄여주는 등 긍정적인 요소가 많다. 또한 환자의 병원 잔류기간이 감소해 더 적은 시간에 더 많은 환자를 치료할 수 있을 뿐만 아니라 최소 침습수술 덕에 치료결과도 더 좋은 것으로 인식되고 있다. 이미 많은 병원에서 의료용 로봇 도입을 준비중이기에 앞으로 의료용 로봇산업이 크게 성장할 것으로 예상된다.

의료용 로봇은 수술용 로봇과 수술용 보조로봇으로 분류할 수 있다. 수술용 로봇은 수술의 전 과정 또는 일부를 의사를 대신하거나 의사와 함께 작업하는 로봇으로, 의사의 조작이나 미리 작성된 수술 예비 계획 시스템에 의해 직접 수술을 수행하게 된다.

반면에 수술용 보조로봇은 수술자의 보조를 위한 각종 기능적·정보적 보조기능을 수행하는 로봇으로, 수술의 정밀도·정확도·편의도 등을 제공한다.

수술용 로봇시장은 인튜이티브 서지컬(Intuitive Surgical)사를 중심으로, 소수의 선점 기업들에 의한 독과점시장이 형성되어 있다. 수술용 로봇 제품은 첨단 혁신기술연구의 산물이며, 지속적인 연구개발을 통해 신시장을 개척해나갈 수 있는 새로운 제품이다. 복강경 수술을 주축으로 한 로봇수술 분야에서 소수의 기업들이 기술과 시장을 선점하고 있으며, 지속적인 연구개발을 통해 신규 분야를 개척중이다.

우리나라 기업 중 3D측정장비 제조업체인 고영은 2016년 12월 식약처의 제조판매 허가를 받은 뇌수술로봇 제노 가이드(Xeno Guide)의 국내 출시 및 미국 진출을 준비하고 있다. 제노 가이드는 뇌수술로봇으로는 세계 최초로 수술대에 부착하는 방식으로 장비를 소형화하는 데 성공했다.

의료용 로봇시장의 성장이
빨라지고 있다

제4차 산업혁명으로 인해 초연결·초지능사회로 발전함으로써 그간 겪을 수 없었던 바이오헬스산업의 변화가 예상된다. IT·BT 등 다양한 기술의 융복합은 바이오헬스산업의 경계를 허물고 있으며, 그동안 의료영역(진단 및 치료)에 머물렀던 바이오헬스산업이 항노화산업·웰니스산업·건강관리 등과 같은 건강관리 영역(예방 및 관리)으로 확대되고 있다.

향후 3D프린팅·사물인터넷·로봇·인공지능 등 제4차 산업혁명 관련 기술로 인해 바이오헬스산업은 크게 성장할 것으로 예상된다.

그 중에서도 의료용 로봇이 크게 주목받을 것으로 예상된다. 의료용 로봇은 환자에게는 수술시간 단축과 출혈·전염 가능성 감소 등의 효과를 주고, 의사에게는 피로감과 수술시 떨림 현상을 줄여주는 등 긍정적인 요소가 많다. 또한 환자의 병원 잔류 기간이 감소해 더 적은 시간에 더 많은 환자를 치료할 수 있을 뿐만 아니라 최소 침습수술 덕에 치료결과도 더 좋은 것으로 인식되고 있다. 이미 많은 병원에서 의료용 로봇의 도입을 준비중이기에 앞으로 의료용 로봇산업이 크게 성장할 것으로 예상된다.

시장조사 기관인 마켓앤드마켓(Marketandmarkets)에 따르면 의료용 로봇시장은 2016년 49억 달러에서 연평균 21.1% 성장해 2021년에는 128억 달러 규모에 이르게 될 것으로 전망된다. 이 중 수술용 로봇이 전체 의료용 로봇시장의 60%에 달할 것으로 예상된다. 이는 로봇 시스템의 확장, 영상 플랫폼과의 결합, 캡슐 로봇 시스템 등의 기술진보뿐만 아니라 인구 고령화, 장애 발생률 상승, 원격진료 수요증가 등으로 인해 수술용 로봇시장의 성장이 클 것으로 기대되기 때문이다. 또한 글로벌 컨설팅기업인 프로스트앤드설리번(Frost & Sullivan)에 따르면 우리나라 수술용 로봇시장의 경우도 연평균 45.1%로 성장하면서 2018년까지 4,910만 달러에 이르게 될 것으로 예상된다.

의료용 로봇기술의
진입장벽이 높은 편이다

국제로봇연맹(IFR)은 로봇산업을 크게 제조용 로봇과 서비스용 로봇시장으로 분류하며, 의료용 로봇은 서비스용 로봇 중에서 전문 서비스 로봇에 포함된다. 의료용 로봇은 의료현장의 다양한 분야에 로봇기술을 융합해 보다 안전하고 편리한 의료 서비스를 제공하는 시스템으로, 진단 시스템, 로봇수술과 치료, 재활 시스템, 기타 의료로봇으로 구성되어 있다.

　의료용 로봇은 다시 수술용 로봇과 수술용 보조로봇으로 분류할 수 있다. 수술용 로봇은 수술의 전 과정 또는 일부를 의사를 대신하거나 의사와 함께 작업하는 로봇으로, 의사의 조작이나 미리 작성된 수술 예비 계획 시스템에 의해 직접 수술을 수행하게 된다. 반면에 수술용 보조로봇은 수술자의 보조를 위한 각종 기능적·정보적 보조기능을 수행한다. 정형외과 수술로봇 같이 동작의 정밀도 확보를 보조하거나, 복강경 수술로봇처럼 수술자의 동작을 보조하거나, 뇌수술 및 생검(biopsy) 보조로봇 같이 영상정보 등 수술 부위의 기하학적 정보를 보조하는 등 수술의 정밀도·정확도·편의도 등을 제공한다.

　수술용 로봇의 경우 수술 부위를 눈으로 확인할 수 있는 인텔리전트 아이(intelligent eye), 의사의 손을 대신하는 인텔리전트

수술용 로봇의 전후방산업

후방산업	첨단수술기기	전방산업
디스플레이	수술로봇	수술기기를 활용한 의료서비스
소프트웨어	레이저, 초음파, 전기 수술기	통신 서비스 등
로봇·광학	수술용 내비게이션	

자료: 중소기업 기술로드맵(2014~2016)

핸드(intelligent hand) 등의 기술을 기반으로 만들어진다. 인텔리전트 아이는 병변 또는 작게 보이는 부분을 확대하거나 내부를 들여다 볼 수 없는 병변을 보이게 하는 하드웨어와 내비게이션 소프트웨어기술을 포함한다. 인텔리전트 핸드는 수술에 사용되는 수술도구, 의사를 대신해 수술을 수행하는 로봇과 원격조작장치 등을 포함한다. 또한 수술용 로봇의 핵심 요소기술은 메커니즘 설계, 제어 및 운용, 의료영상 및 내비게이션, 시뮬레이션 등이다.

수술용 로봇은 크게 인체의 복강·흉강·요강 내부의 연조직(soft tissue) 등을 대상으로 하는 것과 뇌와 뼈·근육 내부의 병변을 대상으로 하는 것으로 나눌 수 있다.

전자는 카메라와 다수의 수술도구를 작은 절개를 통해 인체에 삽입하고 이머시브 3D 스테레오 영상 기반 마스터-슬래이브 수술을 수행하는 방식으로, 다빈치(da Vince) 수술로봇 등이 있다.

후자는 수술 전에 촬영한 의료영상을 기반으로 병변의 위치 및 상태를 파악하면서 수술계획을 세운다. 또한 수술중에는 수술 선

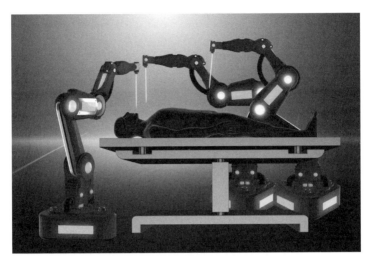

• 의료용 로봇을 통해 보다 안전하고 편리한 의료 서비스를 제공받을 수 있다.

에 작성한 3D 환자좌표계와 수술대 위에 놓여 있는 환자의 좌표
계를 다양한 센서를 활용해 정합함으로서, 집도의가 볼 수 없는
병변의 위치를 예측해 안전하게 수술을 수행할 수 있다. 1990년
초에 개발된 로보닥(robodoc)은 이러한 영상가이드 수술로봇 시
스템의 효시다.

한편 한국지식재산전략원에서 발표한 '특허분석 이슈 보고서'
에 따르면, 로봇 의료기기 분야에서 국내 기술수준은 최고 기술
보유국 대비 평균 80% 수준으로 나타났다. 특히 기술항목 중에
서 제어부 관련 기술수준은 비교적 높은 편이었으나 센서부 관련
기술은 70% 수준으로 다소 취약한 편이다.

수술용 로봇의 성장,
수혜 업체에 주목하자

1985년 산업용 로봇인 PUMA560을 뇌수술에 사용하면서 의료용 로봇의 가능성을 확인한 후, 의료현장에서 로봇을 활용한 다양한 연구와 제품들이 개발되었다. 특히 2000년 수술용 로봇으로서 세계 최초로 FDA 승인을 받은 다빈치 수술로봇 시스템의 등장은 본격적인 로봇수술시대를 열었으며, 로봇수술의 대중화와 관련 기술의 발전을 촉진시켰다. 현재는 수술뿐만 아니라 진단·치료·재활과 간호보조 등을 포함한 의료 전반에 걸쳐 로봇이 활용되고 있다.

수술용 로봇시장은 인튜이티브 서지컬(Intuitive Surgical)사를 중심으로, 소수의 선점 기업들에 의한 독과점시장이 형성되어 있다. 수술용 로봇은 첨단 혁신기술연구의 산물이며, 지속적인 연구개발을 통해 신시장을 개척해나갈 수 있는 새로운 제품이다. 복강경 수술을 주축으로 한 로봇수술 분야에서 소수의 기업들이 기술과 시장을 선점하고 있으며, 지속적인 연구개발을 통해 신규 분야를 개척중이다.

또한 자체적 연구개발 외에도 신규 기업과의 기술제휴와 인수합병을 통해 시장 독점력을 강화하고 있다. 다빈치 수술로봇을 만드는 인튜이티브 서지컬의 경우, 시장 진입 초기인 2003년에 경쟁제품인 재우스(ZEUS)를 생산하는 컴퓨터 모션(Computer Motion)사를 인수했으며, 2014년에는 루나 이노베이션즈(Luna Innovations)사와 인수계약을 통해 형상 센싱기술을 확보해 시장 및 기술 영역을 확대했다. 또한 인튜이티브 서지컬은 인수합병 외에도 다양한 이해 당사자들과의 특허공유와 협력을 강조하고 있는데, 이는 보유중인 핵심특허 만료에 대비하기 위한 것으로 파악된다.

　우리나라 기업 중 3D측정장비 제조업체인 고영은 2016년 12월 식약처의 제조판매 허가를 받은 뇌수술로봇 제노 가이드(Xeno Guide)의 국내 출시와 미국 진출을 준비하고 있다. 제노 가이드는 뇌수술로봇으로는 세계 최초로 수술대에 부착하는 방식으로 장비를 소형화하는 데 성공했다.

어떤 주식을 사야
돈을 벌 수 있을까?

고영(098460), Intuitive Surgical(ISRG, US)

고영(098460)

• 글로벌 3D 검사장비업체다.

• 수술용 로봇 등 제4차 산업혁명과 관련한 성장성이 부각될 것으로 예상된다.

• 현재 이비인후과나 신경외과 분야에서 이루어지는 미세영역 수술은 수술 전 취득한 의료영상 정보를 기반으로 병변을 진단하기 때문에 과다 절개나 방사선 피폭 등을 완벽하게 피할 수 없다. 고영은 이런 문제점을 해결하고자 소형화된 다자유도 로봇, 의료영상 기반 내비게이션 소프트웨어, 고정밀 3D 의료용 센서를 이용한 수술 가이드 로봇 시스템을 개발했다. 뇌수술용 의료로봇은 수술침대에 부착할 수 있도록 소형화된 로봇 플랫폼과 3D 인체 스캔 센서, 수술 내비게이션 SW로 구성되어 있다. 수술 전 촬영한 컴퓨터단층촬영(CT)과 자기공명영상(MRI)을 기반으로 고영의 3D 센서기술과 로봇 시스템을 이용, 실시간으로 환부와 수술도구 위치를 추적해 수술도구의 위치와 자세를 자동으로 안내해주는 시스템이다.

• 고영은 2016년 12월 국내 최초로 식품의약품안전처에서 뇌수술용 의료로봇에 대한 제조허가를 획득했다. 또한 하버드 의과대학과 함께 뇌수술로봇을 공동 개발

188

중이며 글로벌 의료시장에 진출하기 위해 미국 식품의약국(FDA)의 승인도 준비하고 있다. 2018년 미국 시장진출을 시작으로 2020년까지 유럽·중국 등으로 시장을 확대할 예정이다.

- 2016년 AOI의 매출이 전년 대비 약 49% 성장하면서 매출증가의 주요 요인이 되었다. 이는 시장 패러다임 변화로 과거 글로벌 업체들이 수년간 사용했던 2D AOI 장비의 불량 유출이 발생해 고객사의 니즈가 기존 2D에서 3D로 점차 확대되는 추세를 보여주는 것이다. 무엇보다 3D AOI가 스마트팩토리의 설비가 될 수 있는 환경에서 3D AOI에 AI로 딥러닝을 접목하면 공정 불량을 알려주는 차원을 넘어, 진단과 해결방법까지 찾아주는 기능도 수행할 수 있다. 이런 AI로 딥러닝이 접목된 3D AOI 등이 고영의 판매증가에 기폭제가 될 것으로 기대된다.

Intuitive Surgical(ISRG. US)

- 수술용 로봇 1위 업체다.

- 복강경 수술로봇인 da Vinci System을 개발했다.

- da Vinci 로봇수술은 환자의 환부에 3~4개의 구멍을 뚫은 뒤 로봇팔과 3D내비게이션을 삽입해 의사가 콘솔에서 원격조정으로 진행하는 방식으로, 전 세계적으로 3,600대 이상이 보급되어 있다.

- da Vinci 로봇은 평균 10회의 수술이 진행되면 로봇팔 등 소모성 부품교체가 필요하기 때문에 지속적인 성장이 가능할 것이다.

- 독보적인 수술 레퍼런스를 보유하고 있어 향후 수술용 로봇 성장시 수혜가 가능할 것이다.

THE FOURTH INDUSTRIAL REVOLUTION

PART 8

지능정보기술,
제4차 산업혁명 변화의
중요한 동인이다

제4차 산업혁명은 기계의 지능화를 통해 생산성이 고도로 향상되어 산업구조 근본이 변하는 것으로 지능정보기술이 변화의 동인이다. 지능정보기술은 인공지능(AI)과 데이터 활용기술(ICBM)을 융합해 기계에 인간의 고차원적 정보처리 능력(인지·학습·추론)을 구현시킨다.

지능정보기술은 알고리즘의 변형 확장 및 다양한 유형의 데이터 학습(딥러닝 등)을 통해 적용 분야가 지속적으로 확대될 것이다. 뿐만 아니라 다양한 분야에 활용될 수 있는 범용기술 특성을 보유해 사회 전반에 혁신을 유발하고 광범위한 사회적·경제적 파급력을 일으킬 수 있을 것이다.

인공지능·사물인터넷·빅데이터·자율주행·가상현실 등 제4차 산업혁명으로 인해 고성능 반도체 수요가 급증할 것으로 예상된다. 전 세계업체들이 앞다투어 사물인터넷·빅데이터·인공지능 등 기술개발에 나서고 있으며, 자율주행과 증강현실 등 신기술이 본격적인 상용화를 앞두고 있다.

인공지능·사물인터넷·빅데이터·클라우드 등은 제4차 산업혁명인 스마트시대를 촉진시키는 원동력이 될 뿐만 아니라 가치상승에 중요한 요인으로 작용할 것이다.

제4차 산업혁명시대를 맞아 인간의 생활양식은 노동시간과 목적적 행위의 감소 등의 변화가 나타날 것이다. 다시 말해 디지털기술의 고도화와 더불어 인공지능이 확산되면 인간의 물리적 노동뿐만 아니라 정신적 노동이 필요한 노동까지도 기계가 대신하게 되므로 당연히 노동시간의 감소가 이루어질 것이다. 빅데이터·인공지능·자율주행차 등을 통해 정보의 검색·탐색·쇼핑·운전 등을 기계가 대신해 인간의 목적 행위가 감소할 가능성이 높다.

이러한 노동시간의 감소는 콘텐츠 이용 증가로 이어질 수 있다. 자율주행차가 확산되면 당연히 인간의 운전이라는 행위는 감소할 것이고, 운전 대신 콘텐츠 등을 이용함으로써 운전시간을 다른 시간으로 대체하게 될 것이다. 또한 맞춤형 콘텐츠를 제공받게 되어 콘텐츠 검색 시간과 비용의 감소는 물론이고 미디어 이용의 최적화, 콘텐츠 소비에 따른 효용의 극대화를 이룰 수 있을 것이다.

AI·IoT·빅데이터,
제4차 산업혁명의 촉진

인공지능(AI)·사물인터넷(IoT)·빅데이터(Big Data) 등이 제4차 산업혁명인 스마트시대를 촉진시키는 원동력이 될 뿐만 아니라 가치상승의 중요한 요인으로 작용할 것이다.

제4차 산업혁명은 기계의 지능화를 통해 생산성이 고도로 향상되어 산업구조 근본이 변하는 것으로 '지능정보기술'이 변화의 동인이다. 지능정보기술은 인공지능(AI)과 데이터활용기술(ICBM)을 융합해 기계에 인간의 고차원적 정보처리 능력(인지·학습·추론)을 구현시킨다. 데이터 활용기술은 각종 데이터를 수집하고 실시간으로 전달하며(IoT, Mobile), 수집된 데이터를 효율적으로 저장하고 그 의미를 분석(Cloud, Big Data)하게 한다.

지능정보기술은 알고리즘의 변형 확장과 다양한 유형의 데이터 학습(딥러닝 등)을 통해 적용 분야가 지속적으로 확대될 것이다. 뿐만 아니라 다양한 분야에 활용될 수 있는 범용기술 특성을 보유해 사회 전반에 혁신을 유발하고, 광범위한 사회적·경제적 파급력을 일으킬 수 있을 것이다.

이런 지능정보기술은 인공지능·사물인터넷·빅데이터 등이 근간을 이루고 있다.

먼저 IoT는 모든 사물을 인터넷으로 연결하는 것으로 사물 간의 센싱, 네트워킹, 정보처리 등을 인간의 개입없이 상호 협력해 지능적인 서비스를 제공하는 연결망이다. 즉 IoT는 우리 주변의 모든 사물이 연결되어 정보를 공유하고, 보다 지능적으로 동작할 수 있도록 하는 것으로써 인간의 개입을 최소화하고, 사물 간의 정보교류와 가공을 통해 인간에게 더 좋은 서비스를 제공하는 것을 의미한다. IoT 기반의 6가지 구현 기술인 스마트싱스(Smart Things), 안전한 네트워크 인프라, 빅데이터, 클라우드 컴퓨팅, 스마트 PLC, 정보 소프트웨어를 통해 혁신은 빠르게 진행될 것이다.

IoT를 통해 얻은 데이터들을 분석하고, 분석한 정보를 사용자에게 효과적으로 전달하기 위해 필요한 것이 빅데이터 분석

지능정보기술 개념 및 특징

	스마트 공장	자율자동차&스마트교통	스마트 홈	스마트 헬스케어	스마트 인프라	새로운 가치	
	생산비용 절감	교통사고 감소	생활의 편의성 향상	의료비 지출 감소	안정적인 에너지 수급		데이터를 활용한 빠른 학습으로 기계가 지능화되고 새로운 가치 창출

무인 의사결정
인간의 고차원적 판단기능을 수행함으로써 기계가 독립된 주체로 활동해 자동화 및 무인화가 확산

실시간 반응
정보수집, 데이터 분석, 판단, 추론 등 일련의 과정들이 ICT기술(IoT·Cloud·Big Data·Mobile)을 통해 즉각 처리되어 실시간 응답·반응

자율진화
딥러닝 등 기계학습을 통해 스스로 진화해 기계의 성능이 기하급수적으로 향상

만물의 데이터화
과거에는 보관·활용이 곤란했던 데이터(생체·행태정보, 비정형 정보 등)도 기계학습 과정을 거쳐 의미 추출 가능

자료: 미래창조과학부

과 AI다.

　오늘날에는 디지털 기기와 센서 등의 보급으로 통해 산업분야 뿐만 아니라 실생활에서도 규모를 가늠하기 힘들 정도로 많은 데이터가 생성되고 있다. 빅데이터는 기존 데이터 분석 역량을 넘어서는 분량의 방대한 데이터를 필요한 목적에 맞게 가공하고 분석해 새로운 결론을 얻고, 이를 통한 최적의 답안을 제시해준다. 즉 빅데이터에서 얻을 수 있는 패턴 분석으로 향후에 일어날 현상이나 상태를 예측하고 대응하는 것을 의미한다. 데이터를 활용해 얻을 수 있는 이익이 데이터를 수집하고 저장하는 비용보다 커지면서 빅데이터가 널리 쓰이게 되었다. 컴퓨터기술의 발달로 비용이 낮아졌고, 분석기술의 발달로 데이터에서 얻는 부가가치가 커진 것이다.

　IoT 환경에서는 엄청난 양의 데이터를 빠르게 분석하고 가공·추출해 최적화된 결론을 얻기 위한 기술이 반드시 필요하다. 따라서 IoT 환경은 필연적으로 빅데이터를 생성한다. 시스코에 따르면 2015년 기준으로 약 1% 수준의 사물만이 전 세계적으로 연결되어 있었으나 점점 그 연결되는 사물의 숫자가 가파르게 증가해 2020년에는 500억 대 이상의 장치가 인터넷을 비롯한 통신망으로 연결될 것으로 추정된다.

　IoT 환경의 센서들에서 수집된 데이터들은 주로 비정형 데이터다. IoT 환경이 목적에 맞게 제대로 동작하기 위해서는 빅데이

인공지능·사물인터넷·빅데이터의 상관관계

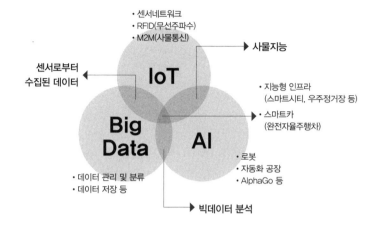

자료: 소프트웨어정책연구소

터에 대한 분석과 가공이 필요한데, 이런 빅데이터 처리 기술이 지향하는 모델이 바로 딥러닝(deep learning)이다. 딥러닝은 수많은 데이터를 학습하고 해당 데이터가 의미하는 바를 스스로 해독해 목적에 맞는 최적의 답안을 찾는다. 특히 정형화된 데이터보다 영상이나 소리처럼 비정형화된 데이터의 경우에는 특이점을 추출해내고 분석하는 것이 어려워지는데, 딥러닝은 이러한 문제의 해결책을 제시하는 데 특화되어 있다. 딥러닝에서는 정밀한 데이터 인식을 위해 수십에서 수백 개 이상의 학습 신경망 계층을 이용하는데, 이는 상당한 계산량을 요구한다. 최근 하드웨어의 성능이 올라가고 가격은 저렴해지면서 계산환경이 향상되어 많은 계산량을 필요로 하는 딥러닝 알고리즘이 부각되고 있다.

점점 많은 사물에 AI가 탑재되면서 만물인터넷을 넘어 사물지능의 형태로 진화할 것이다. 즉 스마트가전·스마트홈·자율주행차 등 AI의 적용 범위가 점점 더 확대될 것이다. AI가 더 정확하고 올바른 상황 인지·판단을 통해 서비스를 제공하기 위해서는 빅데이터를 통해 얼마나 많이 학습했는가가 중요하다.

빅데이터를 갖는 모든 분야에 AI와 딥러닝이 활용된다. 의료 분야에서는 수많은 임상실험 빅데이터와 치료 빅데이터를 기반으로 학습해 사람보다 정확한 진단과 치료방안을 제시하는 IBM 왓슨이 있으며, 자동차 분야의 경우 차량 비전 시스템에서 수집된 영상 빅데이터, GPS와 레이더 센서에서 습득한 빅데이터를 학습해 차량 주변을 판독하고, 안전하고 정확하게 차량 움직임을 제어하는 스마트카(자율주행차량) 등이 있다.

한편 클라우드는 소프트웨어·데이터·콘텐츠 등을 인터넷과 연결된 고성능 컴퓨터(데이터센터)에 저장할 수 있는 서비스다. 인터넷만 연결된다면 언제 어디서든 이 데이터와 콘텐츠를 이용할 수 있을 뿐만 아니라 저장공간을 걱정하지 않아도 된다. 즉 클라우드는 제4차 산업혁명 변화의 동인 지능정보기술인 사물인터넷·빅데이터·인공지능 등을 접목하기 위한 필수 기반기술로, 온라인의 가상공간에서 공유된 서비스를 저장공간을 통해 저장하고 연산하는 기능을 수행한다.

AI·IoT·빅데이터,
콘텐츠 소비의 증가

제4차 산업혁명시대, 인간의 생활양식은 노동시간과 목적적 행위의 감소 등의 변화가 나타날 것이다. 다시 말해 디지털기술의 고도화와 더불어 AI가 확산되면 인간의 물리적 노동뿐만 아니라 정신적 노동까지도 기계가 대신해 당연히 노동시간의 감소가 이루어질 것이다. 또한 빅데이터와 AI 등을 통해 정보의 검색·탐색·쇼핑·운전 등을 기계가 대신해 인간의 목적 행위가 감소할 가능성이 높다.

이러한 노동시간의 감소는 콘텐츠 이용 증가로 이어질 수 있다. 자율주행차가 확산되면 당연히 인간의 운전이라는 행위는 감소할 것이고, 차에 탄 사람은 운전 대신 콘텐츠 등을 이용함으로써 운전시간을 다른 시간으로 대체하게 될 것이다. 또한 맞춤형 콘텐츠를 제공받게 되어 콘텐츠 검색 시간과 비용의 감소는 물론이고 미디어 이용의 최적화, 콘텐츠 소비에 따른 효용의 극대화를 이룰 수 있을 것이다.

이러한 제4차 산업혁명에 대비하기 위해서 플랫폼과 음악 콘텐츠의 결합이 이루어지기 시작했다. 2016년 3월 카카오가 음원 서비스 멜론을 운영하는 로엔엔터테인먼트를 인수했으며, 2017년 3월 NAVER는 YG엔터테인먼트에 1천억 원을 투자했다. 또한 2017년

7월 17일, SK텔레콤은 SM엔터테인먼트의 자회사 SM C&C에 650억 원 규모의 유상증자를 단행해 2대 주주로 등극했다. 즉 온라인, 모바일 플랫폼, AI기술에 YG나 SM 등이 만든 콘텐츠를 담겠다는 뜻이다.

AI·IoT·빅데이터,
반도체 수요의 증가

인공지능·사물인터넷·빅데이터·자율주행·가상현실 등 4차 산업혁명으로 인해 고성능 반도체 수요가 급증할 것으로 예상된다.

전 세계업체들이 앞다투어 인공지능·사물인터넷·빅데이터 등 기술개발에 나서고 있으며, 자율주행과 가상현실 등 신기술이 본격적인 상용화를 앞두고 있다. IoT와 헬스케어기술은 하나의 플랫폼을 기반으로 기기들이 서로 통신하며, 사용자에게 맞춤 설정된 서비스를 제공하는 형태로 운영된다. 사용자가 동작하는 기기 또는 착용하고 있는 웨어러블 장치가 정보를 읽은 뒤 중앙 서버를 통해 이 정보를 가전제품이나 서비스 제공업체에 전송한다. 이런 과정에서 사용자의 생체정보를 측정하는 센서와 통신 모듈, 연산을 행하는 AP(모바일프로세서) 등 여러 반도체가 사용될 뿐만 아니라 정보를 저장하고 처리하는 서버의 반도체 수요

역시 증가한다.

자동차의 중앙처리장치가 카메라 등을 통해 받아들인 정보를 인식하고 판단해 움직이는 자율주행기술을 구현하는 데도 수많은 반도체가 사용된다. 특히 자동차에 탑재되는 기술은 사용자의 안전과 직결되는 만큼 연산이 빠르고 정확한 고성능 반도체가 필요하다.

VR기술 역시 특성상 용량이 높은 콘텐츠를 필요로 해 고성능의 연산장치와 메모리, 그래픽카드 등 여러 종류의 반도체가 사용된다. 따라서 삼성전자·구글·애플 등 세계 대형업체들과 자동차기업들은 향후 이런 산업이 대중화될 것을 예상해 저마다 자체적인 플랫폼과 기술을 개발하는 데 주력하고 있다. 이처럼 반도체가 탑재되는 새로운 기기의 수요가 빠르게 증가할 것으로 예상되며, 반도체기업들의 수혜가 기대된다.

어떤 주식을 사야
돈을 벌 수 있을까?

삼성전자(005930), 더존비즈온(012510), 효성ITX(094280), 유비벨록스(089850), 아이
콘트롤스(039570), 지니뮤직(043610), 에스원(012750), NHN한국사이버결제(060250),
NVIDIA(NVDA, US)

삼성전자(005930)

• 반도체·디스플레이·스마트폰·가전 등의 사업을 영위한다.

• 반도체와 디스플레이 등 부품사업의 신규 수요가 확대될 것으로 예상된다.

• 삼성전자는 IoT·AI·전장사업이 부상하는 IT 업계 패러다임 변화가 본격화됨에 따
라 반도체와 디스플레이 등 부품사업의 신규 수요가 확대될 것으로 예상된다. 즉 반
도체는 빅데이터 처리를 위한 서버용 고용량·고성능 메모리, 전장과 AI용 칩셋 수
요가 급증할 것으로 전망되며, OLED 분야에서도 스마트폰 혁신 등에 따른 고부가
플렉시블 디스플레이 수요가 크게 확대될 것이다.

• 삼성전자는 전장사업을 본격화하고 오디오 사업을 강화하기 위해 2017년 3월 하만
인수를 완료했다. 하만 인수를 통해 연평균 9%의 고속 성장을 하고 있는 커넥티드
카용 전장시장에서 글로벌 선두기업으로 도약할 수 있는 기반을 마련했다.

• 음성비서 서비스가 삼성전자가 제공하고 있는 여러 제품들에 적용되고, 나아가 IoT
시내의 다양한 디바이스에 접목되어 하니의 큰 통합된 AI 시스템을 만들 것으로 기

대된다. 갤럭시 S8에 음성 서비스 빅스비를 탑재했으며, 음성인식기능을 갖춘 TV·세탁기·에어컨 등의 가전제품을 시장에 선보이고 있다.

더존비즈온 (012510)

- ERP, 그룹웨어 등의 경영정보 솔루션 전문개발업체다.

- 클라우드 서비스 확대로 성장성 부각이 기대된다.

- 클라우드 서비스는 폭증하는 데이터를 저장·처리하는 핵심기반 인프라 서비스로 이용한 만큼 지불하는 유연성과 최소자원으로 출발해 사용량에 맞추어 동적으로 늘어나는 확장성을 보유하고 있다. 제4차 산업혁명 변화의 동인 지능정보기술인 IoT·빅데이터·AI 관련 서비스와 함께 클라우드 서비스가 제공되고 있다.

- ERP 제품을 구매하는 신규고객에게 클라우드 서비스 도입을 유도할 뿐만 아니라 기존고객에게는 클라우드 서비스 사용전환을 유도하고 있어, 가입고객이 지속적으로 증가하면서 실적이 성장하고 있다.

- 클라우드 서비스 확대로 인해 가입자가 증가하는 상황에서 플랫폼 서비스로의 전환을 통해 성장을 모색할 것으로 예상된다.

효성ITX (094280)

- 컨택센터, IT서비스 등의 사업을 영위하는 효성그룹 계열사다.

- 빅데이터와 AI 기반 서비스 전문기업으로 거듭날 것이다.

- 2016년 12월 조석래 전 회장의 장남 조현준 사장이 회장으로 승진하면서 효성그룹은 3세 경영이 본격화되었다. 1~2세 경영에서는 섬유·화학·중공업 같은 전통사업을 성장시켰지만, 3세 경영에서는 제4차 산업혁명 시기에 맞는 기술경영을 중시해 IT서비스 부문을 그룹성장의 원동력으로 삼을 것으로 예상된다. 이런 효성그

룹 진화 과정에서 효성ITX는 제4차 산업혁명과 관련된 빅데이터, 변전소 자산관리솔루션(AHMS), 보안솔루션 등 신규사업으로 그룹 성장의 중추적 역할을 할 것으로 기대된다.

- 효성ITX는 컨택센터 상담사와 고객의 음성 대화를 문자로 자동 변환하고 이를 빅데이터 기술로 분석해 관리할 수 있는 AI 솔루션인 '익스트림VOC'를 출시했다. 일반기업을 비롯해 고객과의 접점을 확대중인 정부기관과 고객센터 등에 익스트림VOC가 적용될 경우 사업 시너지를 크게 낼 수 있을 뿐만 아니라 산업 전 영역에 특화된 컨설팅을 제공할 수 있을 것이다.

- 효성ITX는 효성중공업 부문과 함께 IoT 등을 활용한 빅데이터 기반 변전소 자산관리솔루션(AHMS)을 선보였다. 가정이 아닌 공장과 산업시설 등에 활용되는 산업용 IoT 분야의 하나로서 스마트팩토리와도 맞닿아 있다. 현재 국내 500여 개 민간 변전소와 300여 개 해외 변전소를 대상으로 영업 활동을 하고 있어 향후 변전소 자산관리솔루션(AHMS)의 성장성 등이 부각될 수 있을 것이다.

- 효성그룹의 진화 과정에서 효성ITX가 중축적 역할을 할 것으로 기대된다. 2017년부터 제4차 산업혁명과 관련된 빅데이터, 변전소 자산관리솔루션(AHMS), 보안솔루션 등 신규사업이 가시화되면서 성장성 등이 부각될 수 있으며, 빅데이터와 AI 기반 서비스 전문기업으로 거듭나는 기반을 마련할 수 있을 것이다.

유비벨록스 (089850)

- 스마트카드와 스마트모바일 등을 주력 사업으로 영위하고 있으며, IoT 기반 Indoor LBS 성장성이 부각될 것이다.

- 유비벨록스 주력 자회사인 라임아이는 실내위치기반서비스(Indoor Location Based Service) 사업의 핵심인 3D내비게이션 플랫폼과 통신 단말기인 비콘을 통합 공급하는 회사다. SK텔레콤과 함께 공항·병원·운동장·쇼핑몰·전시장 등에 Indoor LBS 통합 플랫폼을 공급하고 있다.

- 정부에서는 철도 건설현장 폭발사고를 계기로 유사사고의 재발을 방지하고 경각심

을 고취하기 위해 안전강화 방안을 발표했다. 라임아이는 비콘을 활용해 위급상황 시 직원의 위치를 실시간으로 파악해주는 패용형 ID카드, 유독가스 유출 감지·알림 기능과 더불어 착용자의 생체정보까지 측정해 중앙 관제센터로 전송하는 안전밴드, 주변의 가스 농도를 측정해 주는 무선 가스 센서 등의 IoT 기반 Indoor LBS 통합 솔루션을 건설 현장과 공장 등에 제공했다. 사고예방에 초점을 맞춘 안전 통합 솔루션으로, 스마트팩토리 등 여러 분야로 확대되면서 매출 성장이 예상된다.

아이콘트롤스 (039570)

- 현대산업개발그룹 계열인 IT 솔루션 전문업체로 스마트홈과 BEMS 성장성이 부각된다.

- 통화 위주의 홈오토메이션에서 시작해 홈네트워크로 발전해 온 홈네트워크 시장은 기기 간 연결을 강조하던 단순 네트워크 개념에서 다른 산업군과 시너지효과를 이룰 수 있는 솔루션 연동의 반영으로 '스마트홈'이라는 거대한 시장으로 확대되었다. 아이콘트롤스는 홈네트워크 시스템과의 유기적인 연동을 통해 동작되는 주차관제 시스템, 원격검침 시스템, CCTV 시스템, 정보통신 시스템, LED조명 등의 사업 다각화를 추진해 사업 규모를 확대해 나가는 동시에 아이파크 신축 아파트에 모바일 원격감시와 제어 시스템 구축을 통한 스마트홈 서비스를 구현중이다. 이러한 기술력과 레퍼런스를 바탕으로 향후 스마트홈 시장을 선도할 수 있는 경쟁력을 보유하고 있어 스마트홈 시장 성장의 수혜가 예상된다.

- 지능형 빌딩을 구축하는 IBS(Intelligent Building System) 산업은 정보통신 부문(통합배선, LAN), 영상음향 부문(빌딩안내, A/V), 자동제어 부문(전력제어, 조명제어), 통합보안 부문(CCTV, 출입통제), 시스템통합부문(building energy management system, 통합관제)으로 구분된다. 아이콘트롤스의 빌딩 에너지 관련 사업은 건물에너지 효율제고를 위한 노후설비 교체, 현장 설비관리 노하우를 ICT기술로 융합한 네트워크 기반의 24시간 건물설비 모니터링 등 성과보증 기반의 건물 에너지관리 시스템인 BEMS 구축이 중심이 되고 있다. 향후 관련 정책 강화와 시장의 요구 확대로 높은 성장이 예상된다.

지니뮤직 (043610)

- 지니 플랫폼을 통한 음악 서비스와 음원·음반 유통사업을 영위하고 제4차 산업혁명 관련 킬러 콘텐츠로서 성장이 기대된다.

- 기존 KT 외 LG유플러스가 주주로 참여하면서 다양한 협업을 통해 지니뮤직의 음악 서비스 사업이 더욱 활발하게 전개될 것으로 예상된다. 무엇보다 KT 고객에게만 적용되었던 다양한 상품과 혜택을 LG유플러스 고객에게도 확대 적용되면서 매출증가를 도모할 수 있을 것이다.

- 2017년 1월 KT는 IPTV와 AI가 결합된 셋톱박스인 기가지니를 출시해, 2017년 한해 50만 대 이상의 판매를 목표로 삼고 있다. 스마트폰에서 음원 서비스가 킬러 콘텐츠로서 확고하게 자리잡은 것과 마찬가지로, 음성인식 기반 AI 서비스의 경우도 손쉽게 적용할 수 있는 음원 서비스가 킬러 콘텐츠로서 자리잡을 가능성이 클 것이다. LG유플러스의 경우도 2017년 9월에서 10월경에 기가지니와 유사한 스피커와 IPTV셋톱박스를 결합한 AI 서비스를 출시할 예정이라 지니뮤직에게 수혜가 예상된다. KT의 기가지니 같은 AI 서비스 기기가 증가할수록 지니뮤직 콘텐츠의 활용도는 높아질 것이다.

- 지니뮤직과 재규어 랜드로버 코리아는 차량 인포테인먼트 시스템에서 음악 서비스인 재규어 랜드로버 지니를 도입하기로 결정했다. 이는 지니뮤직이 커넥티드카 산업에 진출하는 것을 의미하는 것으로, 스마트카에서도 음원 서비스가 확실한 킬러 콘텐츠로 자리 잡으면서 성장성을 높일 수 있을 것이다.

에스원 (012750)

- 삼성그룹의 보안 시스템 및 건물관리 서비스 전문업체다.

- 제4차 산업혁명 센서기술 성장성이 가시화될 것이다.

- 인간은 시각·후각·청각·미각·촉각의 5가지 감각을 이용해 물질이나 외부의 상태와 변화를 알아차린다. 제4차 산업혁명에서 지능화된 사물의 경우 센서가 이 같은

인간의 오감(五感)에 해당하는데 에스원은 센서기술을 응용해 여러 가지 보안 관련 시스템에 적용하고 있다.

- 에스원은 얼굴인식만으로 편리하게 출입을 관리하는 얼굴인식 워크스루 게이트를 개발했다. 별도의 보안카드나 지문인식 없이 스피드 게이트를 통과하면 보행자의 얼굴을 자동으로 인식해 출입관리를 할 수 있는 것이 특징이다. 즉 게이트 내에 센서가 있어 보행자의 얼굴을 인식해 게이트가 열리도록 설계했다. 향후 삼성그룹 전 계열사에 도입되면 성장성이 가시화될 수 있을 것이다. 또한 1인 가구용 자가방범 상품인 세콤이지 홈 CCTV에 UWB센서(레이더기술을 이용한 센서)를 탑재해 침입상황을 정확하게 판별할 수 있다.

- 빅데이터와 AI를 활용해 카메라 1천 대를 동시에 관리할 수 있는 통합 모니터링 시스템(SVMS, Smart Video Management System)의 경우, CCTV 스스로 상황을 인지해 알려주는 기능이 있어 관리자가 비상 상황을 확인하는 데 걸리는 시간 때문에 발생하는 2차 사고의 우려를 차단한다.

- 전문적인 임대관리사업에 대한 요구가 높아지는 환경에서 건물관리부문의 경우 블루에셋 브랜드를 통한 Non-captive Marke과 사업영역 확대로 인해 에스원의 주력사업으로 거듭날 것으로 기대된다. 또한 보안 시스템 부문의 경우 소득수준 향상, 1인 가구와 고령층 증가, 여성들의 사회진출, 스마트홈 서비스 등을 고려할 때 향후 가정용 가입자가 증가하면서 성장할 것으로 예상된다.

NHN한국사이버결제 (060250)

- 전자지급결제대행 서비스(payment gateway), 온·오프라인 VAN(Value Added Network), 간편결제 서비스를 제공하고 있는 전자결제 전문업체다.

- 간편결제 시장 성장의 수혜가 기대된다.

- 스마트폰 등을 통한 전자금융 서비스 규모가 확대됨에 따라 NHN한국사이버결제의 전자지급결제대행 서비스의 성장이 지속되고 있다.

- PAYCO는 온·오프라인의 다양한 제휴사에서 간편결제와 함께 쿠폰과 포인트 혜택 등을 제공하는 결제플랫폼으로 모회사인 NHN엔터테인먼트의 간편결제 서비스다.

- PAYCO의 가입자와 결제금액이 증가하고 있어서 NHN한국사이버결제의 경우 온·오프라인 간편결제 시장 성장의 수혜가 예상된다.

NVIDIA (NVDA. US)

- GPU(Graphic Processing Unit)를 설계하는 반도체기업이다.

- 제4차 산업혁명시대의 최대 수혜자다.

- 지금까지 데이터 처리는 CPU(Central Processing Unit)가 주로 담당했고, GPU(Graphic Processing Unit)는 그래픽 관련 데이터 처리를 담당했다. 하지만 IoT·빅데이터·AI 관련 서비스 등이 나타나면서 많은 양의 데이터를 동시에 처리하는 병렬처리 능력이 뛰어난 GPU 수요가 급증하고 있다.

- GPU의 용도가 컴퓨터 화상처리에서 연산처리 고속화로 넓혀지면서 NVIDIA의 사업영역도 게임에서 고성능 컴퓨터, AI, 자율주행으로 확대되었고, 실적이 빠르게 성장하고 있다.

- NVIDIA GPU는 자율주행차 분야에서 두각을 나타내고 있다. 그뿐만 아니라 구글·아마존·IBM 등이 데이터센터에 투자를 확대하면서 데이터센터용 GPU가 급성장하고 있다. 향후 VR용 GPU 시장도 커질 것으로 전망된다.

제4차 산업혁명의 변화의 동인은 '지능정보기술'이며,
지능정보기술은 인공지능·사물인터넷·빅데이터 등이 근간을 이루고 있다.

THE FOURTH INDUSTRIAL REVOLUTION

PART 9

제4차 산업혁명은
바이오헬스산업을 촉진시킨다

제4차 산업혁명시대의 바이오헬스산업은 지능정보기술(사물인터넷·빅데이터·인공지능·클라우드)과 의학의 결합을 통해 질병의 이해·예방·치료방법의 영역을 확대할 뿐만 아니라 효율성 증대로 경험 기반에서 데이터 기반으로, 범용에서 맞춤형으로 진화하고 있다.

개인 데이터를 누적 분석함으로써 개인 맞춤형으로 처방을 내릴 수 있다. 또한 인공지능을 활용해 의학 잡지, 논문 데이터, 임상 의료 데이터 등을 분석하고 수십만 건에 달하는 의학적 근거를 학습해 정확한 진단이 가능하다. 애플·구글·삼성전자 등 글로벌 기업들이 웨어러블 디바이스 서비스 플랫폼을 구축하고 있으며, IBM의 왓슨 포 온콜로지가 암 진단 및 지료를 돕는 AI 소프트웨어로 활용되고 있다.

주요국들은 빅데이터 분석을 통한 신약 및 맞춤형 의약품 개발에 집중투자하고 있다.

국내의 경우 정부 주도하에 데이터 기반 건강관리 서비스 시범사업을 추진중이다. 미국은 정밀의료 프로젝트의 일환으로 맞춤형 항암제 개발에 700억 원을 투입했다.

의료기기의 경우 주요국들은 인공지능·3D프린팅·로봇 등 4차 산업혁명 기술을 활용한 산업화를 추진하고 있다. 특히 다국적 기업들은 4차 산업혁명 핵심기술인 ICBM(사물인터넷, 클라우드 컴퓨팅, 빅데이터, 모바일)을 기반으로 4P(Predictive, Preventive, Personalized, Participatory) 중심의 신개념 의료기기 개발을 추진중이다. 앞으로 기존 의료기기에 인공지능 등의 기술을 융합해 질병 분석, 진단보조가 가능한 지능형 의료기기로 진화할 것이다.

기대 수명 증가 및 고령화, 만성 질환자와 의료비 증가, 사전예방 및 지능정보기술의 부각 등 의료 패러다임이 변화하는 가운데 준비된 기업들만이 성장할 수 있는 기반이 조성될 것이다.

경험 기반에서 데이터 기반으로,
범용에서 맞춤형으로

제4차 산업혁명시대의 바이오헬스산업은 지능정보기술(IoT·빅데이터·AI·클라우드)과 의학의 결합을 통해 질병의 이해·예방·치료 방법의 영역을 확대할 뿐만 아니라 효율성 증대로 경험 기반에서 데이터 기반으로, 범용에서 맞춤형으로 진화하고 있다. 다시 말해 바이오헬스산업은 의료인의 지식과 경험 기반이 아닌 진료·유전·라이프로그(심박수·혈압·혈당·운동량·수면시간 등 일상생활에서 측정되는 생체정보) 등의 데이터를 기반으로 하며, 지속적인 데이터 수집과 분석을 통해 질병의 사전 예방, 정확한 진단 및 치료, 사후 관리 서비스까지 제공한다. 또한 개인 특성에 따른 맞춤형 의약품을 사용해 범용 의약품보다 치료효과는 높아지고 사용량은 줄어들 것이다.

데이터를 기반으로 할 경우 웨어러블 디바이스가 식사습관, 활동량 등의 데이터를 수집해 건강상태를 분석한다. 개인 데이터를 누적 분석함으로써 개인 맞춤형으로 정확한 처방을 내릴 수 있다. 웨어러블 디바이스는 애플·구글·삼성전자 등 글로벌 기업들이 서비스 플랫폼을 구축하고 있다. 또한 AI를 활용해 의학 잡지, 논문 데이터, 임상 의료 데이터 등을 분석하고 수십만 건에 달하는 의학적 근거를 학습해 더욱 정확한 진단이 가능하다.

암 진단 및 치료를 돕는 AI 소프트웨어인 IBM의 왓슨 포 온콜로지(Watson for Oncology)는 데이터베이스에 종양학과 관련된 전문지식, 의학 학술지 300개, 의학서 200개 등 1,500만 쪽 분량의 방대한 의료 정보를 구축하고 있다. 의사가 환자의 정보를 입력하면 빅데이터를 바탕으로 가장 성공률이 높은 치료법을 제안해 전 세계 의료기관에서 진단보조로 활용되고 있다. 또한 암 이외의 의료 분야에서 사용될 수 있도록 지속적으로 기능을 개선하고 있다.

빅데이터 분석 통한
의약품 개발

주요국들은 빅데이터 분석을 통한 신약 및 맞춤형 의약품 개발에 집중투자하고 있다. 국내의 경우 정부 주도하에 데이터 기반 건강관리서비스 시범사업을 추진중이다. 산업통상자원부는 2017년부터 2021년까지 107억 원을 들여 PHR 기반 개인 맞춤형 건강관리시스템을 개발할 예정이며, 맞춤 의약품을 포함한 신약 개발 지원 등도 확대하고 있다.

미국은 정밀의료 프로젝트(precision medicine initiative)의 일

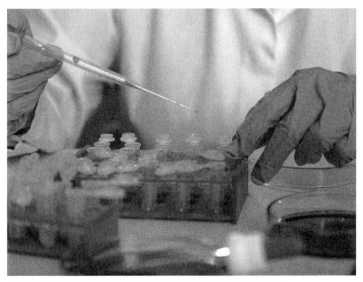

• 빅데이터 분석을 통한 신약 및 맞춤형 의약품 개발에 관심이 커지고 있다.

환으로 2016년에 국립암연구소 중심의 맞춤형 항암제 개발에 700억 원을 투입했다. 또한 화이자·로슈 등 글로벌 제약사와 유전체분석기업이 협력해 맞춤형 신약 개발뿐만 아니라 맞춤 의약품 추천(B2C) 및 임상설계(B2B) 서비스도 시작했다.

ICBM 기반으로 한
의료기기 개발

의료기기의 경우 주요국들은 AI·3D프린팅·로봇 등 4차 산업혁명 기술을 활용한 산업화를 추진하고 있다. 특히 다국적 기업들은 4차 산업혁명 핵심기술인 ICBM(IoT·클라우드컴퓨팅·빅데이터·모바일)을 기반으로 4P(Predictive, Preventive, Personalized, Participatory) 중심의 신개념 의료기기 개발을 활발하게 추진중이다.

국내 기업들도 새로운 개념의 의료기기 개발을 활발하게 진행중이며, 글로벌 경쟁력을 확보한 IT 기술력을 바탕으로 AI 진단기기·로봇수술기기 등의 기술개발로 확대하고 있다. 앞으로 기존 의료기기에 AI 등의 기술을 융합해 질병 분석과 진단보조가 가능한 지능형 의료기기로 진화할 것이다.

의료기기의 활용도 측면에서 예를 들어 살펴보겠다. 유전자정보 분석을 통한 알츠하이머 진단 및 발생 확률을 예측하고, 폐 CT 영상을 분석해 폐암의 위치와 폐암의 심각도를 자동으로 표시해주며, 환자의 생체 측정정보(혈압, 산소포화도 등)를 분석해 정상범위를 벗어날 경우 알려주며, 의료영상을 분석해 혈류의 속도나 혈관의 길이 등 질병이 예측되는 특정 부위에 대한 정량적 수치 등을 제공해주는 등 다양하게 활용 가능하다.

한편 산업통상자원부에서는 바이오헬스 분야의 제4차 산업혁명 관련 비즈니스를 선점하고 수출 산업화를 달성하기 위해 분산형 바이오 빅데이터 구축, 비즈니스모델 개발 및 규제 해소, 빅데이터 기반 맞춤 신약 개발 및 혁신 생태계 조성, 융합 의료기기 개발 및 국내외 시장진출 지원 등의 정책방향을 제시했다. 또한 보건복지부에서도 바이오헬스산업 육성을 위해 신약 개발, 개인 맞춤형 의료, 빅데이터 등 첨단 의료기술에 대한 전략적 R&D투자를 강화한다는 계획이다.

기대수명 증가 및 고령화, 만성 질환자와 의료비 증가, 사전예방 및 지능정보기술의 부각 등 의료 패러다임이 변화하는 가운데 준비된 기업들만이 성장할 수 있는 기반이 앞으로 조성될 것이다.

어떤 주식을 사야
돈을 벌 수 있을까?

코오롱(002020), 오스템임플란트(048260), 비트컴퓨터(032850)

코오롱(002020)

- 코오롱그룹의 지주회사다.

- 신성장동력의 가치화가 일어나고 있다.

- 코오롱의 자회사인 미국 티슈진사가 2017년 코스닥시장에 상장하는 방안을 추진하고 있다. 2016년 5월 한국 수출입은행이 미국 티슈진사 1.1% 지분에 대해 1천만 달러를 투자했기 때문에 미국 티슈사의 기업가치를 유추해볼 수 있지만, 향후 임상 진행속도와 결과에 따라서 기업가치가 상승할 가능성이 높아질 것이다.

- 미국 티슈진사는 퇴행성 관절염 치료제인 인보사(티슈진-C)에 대해 미국 FDA 임상 2상 완료 후 2015년 5월 임상 3상 승인을 받았다. 미국 전역에서 1,020명을 대상으로 환자 투약을 준비중이며, 2018년부터 순차적으로 환자 투약이 이루어질 것으로 예상된다. 특히 임상 3상에서 DMOAD(Disease Modifying OA Drug: 질환을 근본적으로 치료하는 퇴행성 관절염 치료제)로서의 가능성을 증명하게 된다면, 인보사(티슈진-C)가 적용될 수 있는 시장규모는 더욱 커질 것이다.

- 향후 미국 티슈진사의 상장은 향후 밸류에이션을 가시화시켜 성장성을 높일 수 있다. 이는 곧 코오롱 주가상승으로 이어져 수혜가 가능할 것이다.

- 코오롱의 주력 자회사인 코오롱인더스트리는 CPI(Colorless Polyimide)필름을 개발해 현재 양산설비를 구축중이며, 2018년 상업생산에 들어갈 예정이다. 삼성전자 등이 차세대 스마트폰으로 폴더블(Foldable) 스마트폰을 개발하고 있는 가운데, 코오롱인더스트리의 CPI필름은 유리를 대체해 폴더블 스마트폰 윈도 커버 소재에 적용될 수 있을 것이다. 따라서 폴더블 스마트폰이 출시되면 CPI필름 신규시장의 기대감이 반영되면서 코오롱인더스트리의 성장성이 부각될 수 있을 것이다.

오스템임플란트 (048260)

- 치과용 임플란트 제조·판매업체다.

- 중국과 북미 법인의 성장성에 주목하자.

- 내수부문의 경우 치과용 임플란트 건강보험 요양급여 적용 연령이 2016년 7월 1일부터 65세 이상으로 확대되어 견조한 성장이 예상된다.

- 해외부문의 경우 중국과 북미 법인이 매출 상승을 이끌 것으로 예상된다. 즉 중국과 북미 법인 각각 2017년 600억 원 이상의 매출이 예상되면서 해외 법인 수익성 개선에 지대한 영향을 미칠 것이다. 2018년에는 중국과 북미 법인의 매출상승이 본격화 되면서 해외 법인 수익성에 레버리지효과가 발생할 수 있을 것이다.

- 오스템임플란트는 디지털임플란트와 덴탈CT를 출시해 이를 통해 시장 지배력 확대뿐만 아니라 종합 치과의료기기업체로 거듭나는 계기를 마련할 것이다.

비트컴퓨터(032850)

- 제4차 산업혁명으로 헬스케어 클라우드 도입시 최대 수혜가 예상된다.

- 의료정보, 디지털 헬스케어, IT교육 등의 사업을 영위하고 있다.

- 헬스케어 클라우드는 환자의 정보를 클라우드에 저장하고 이를 진료에 활용하는 것으로, 의료의 패러다임이 치료에서 예방과 관리로 바뀌면서 대두되는 대표적인 ICT 융복합 디지털 헬스케어기술이다.

- 우리나라의 경우 의료법 시행규칙 개정, 전자의무기록의 관리·보존에 필요한 시설과 장비에 관한 기준이 제정됨에 따라 외부기관에서도 의료데이터를 보관할 수 있게 되었다. 이런 규제완화와 더불어 병원 경영난이 가중되고 정보보안에 관심이 커지면서 헬스케어 클라우드 도입이 본격화될 것으로 예상된다.

- 비트컴퓨터는 병원급 의료기관을 대상으로 EMR(전자의무기록), OCS(처방전달) 등을 클라우드 서비스로 제공하는 통합의료정보시스템인 '클레머(CLEMR)'를 2017년 7월에 출시했다. 기존의 구축형 의료정보 시스템를 클라우드 방식으로 전환해 병원은 별도의 서버 없이 웹접속만으로 시스템을 사용할 수 있다. 별도의 인력을 내부에 둘 필요가 없으며, 사용한 만큼만 과금되기에 부담도 적다. 데이터 보관 등 클라우드 인프라는 KT가 제공한다.

- 의료기관이 디지털화되고 데이터가 폭발적으로 증가하면서 데이터의 관리와 보안, 비용 등에 대한 고민이 커지고 있다. 이런 상황에서 비트컴퓨터의 클레머(CLEMR)가 이런 고민들을 해결해주는 새로운 대안이 되면서 선점하는 효과가 있을 것이다. 또한 제4차 산업혁명시대의 도래로 헬스케어 클라우드 신규 수요가 창출되어 비트컴퓨터 성장이 가속화할 것으로 예상된다.

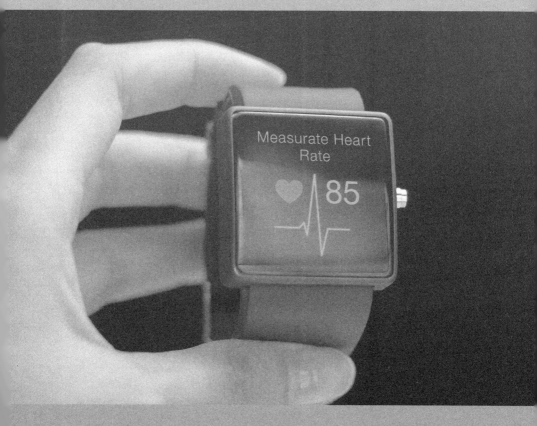

웨어러블 디바이스가 식사 습관, 활동량 등의 데이터를 수집해 건강 상태를 분석한다. 개인 데이터를 누적 분석함으로써 개인 맞춤형으로 정확한 처방을 내릴 수 있다.

숫자

3D프린팅 21, 32, 37, 51, 127, 131, 178, 181, 215, 220, 234, 244

5G 31, 48, 51, 52, 142, 143, 146, 147, 148, 149, 150, 151, 152, 153, 154, 155, 157, 158, 159, 197, 234, 240, 249

영문

ADAS 90, 110, 111, 235

ASCC 87, 235

B2B 156, 220

B2C 156, 220

BEMS 207, 240

BPO 135, 237

CPS 24, 38, 120, 126, 128, 131, 230

CPU 40, 90, 210, 230

D램 102, 103, 110, 235, 236

ERP 124, 127, 138, 205, 237

Gbps 147, 149, 238

GPU 40, 41, 92, 210, 230

HVI 91, 235

ICBM 192, 195, 215, 220, 240

ICT 21, 29, 36, 37, 38, 42, 43, 47, 49, 50, 51, 52, 54, 69, 80, 83, 94, 116, 117, 120, 121, 123, 124, 126, 127, 128, 131, 133, 134, 136, 143, 147, 154, 173, 197, 207, 224, 230, 244, 246, 248, 249

IoT 24, 31, 32, 34, 35, 41, 43, 51, 52, 54, 65, 66, 68, 116, 123, 125, 128, 129, 131, 133, 137, 142, 145, 146, 149, 150, 156, 170, 195, 196, 197, 198, 199, 202, 204, 205, 206, 207, 210, 217, 220, 231, 238, 240

IP 59, 66, 71, 72, 73, 234

LIDAR 90

LKAS 87, 236

MES 124, 127, 237

MMORPG 72, 73, 234

NB-IoT 238

O2O 35, 59, 71, 73, 231

P2P 162, 166, 168, 172, 232, 239

PHEV 86, 95, 236

PHR 219, 241

PLC 24, 136, 137, 196, 231

RADAR 90

RRH 158, 238

V2X 89, 91, 94, 236

ㄱ

가상현실 51, 76, 77, 120, 192, 202, 231, 233

공유경제 20, 35, 231

광트랜시버 157, 238

기계혁명 25

기업지배구조 234

ㄴ

낸드플래시 236

네트워크효과 54, 231, 245

ㄷ

닷컴버블 8, 20, 21, 25, 28, 29, 30, 37, 232, 243

디바이스 23, 73, 117, 121, 123, 124, 148, 150, 204, 214, 218, 248

디지털혁명 29, 31

딥러닝 189, 192, 196, 197, 199, 200, 240

ㄹ

라이프로그 217, 241

러다이트 운동 25, 232

로봇공학 31, 32, 37, 232, 244

리쇼어링 122, 135, 237

ㅂ

바이오헬스 11, 54, 178, 181, 213, 214, 217, 221, 241

병변 184, 185, 188, 239

블록체인 11, 20, 33, 54, 161, 162, 163, 165, 166, 167, 168, 169, 170, 171, 172, 173, 174, 175, 232, 239, 242

비메모리 반도체 110, 236

비트코인 166, 172, 239

빅데이터 8, 11, 20, 21, 24, 31,
32, 33, 36, 37, 38, 40, 41, 43,
48, 53, 54, 55, 57, 59, 65, 66,
67, 68, 74, 76, 77, 94, 120, 123,
124, 126, 128, 131, 134, 135,
142, 145, 155, 156, 175, 192,
193, 195, 196, 198, 199, 200,
201, 202, 204, 205, 206, 209,
210, 214, 215, 218, 219, 220,
221, 232, 234, 240, 242, 244,
248, 249

ㅅ

생검 183, 240

스마트시스템 34, 40, 48

스마트카 11, 34, 40, 48, 50, 51,
54, 79, 80, 81, 83, 84, 85, 86,
96, 102, 109, 199, 200, 206,
208, 235, 236, 242, 246, 247

스마트팩토리 11, 32, 34, 36, 38,
42, 54, 115, 116, 117, 119, 120,
121, 122, 123, 124, 125, 126,
128, 129, 130, 131, 132, 133,
134, 135, 136, 137, 138, 142,

146, 174, 175, 189, 206, 207,
237, 242, 247, 248, 249

스몰셀 143, 158, 239, 249

스트리밍 77, 148, 234

승수효과 54, 67, 72, 232

ㅇ

애플리케이션 68, 123, 124, 237

에너지 혁명 27

온디맨드경제 232

인공지능 8, 11, 20, 21, 31, 32,
33, 36, 40, 41, 43, 50, 53, 54,
55, 73, 74, 75, 76, 77, 89, 90,
91, 94, 134, 135, 154, 155, 178,
181, 192, 193, 195, 196, 199,
200, 201, 202, 214, 215, 232,
233, 242, 244, 248, 249

인포테인먼트 81, 84, 94, 102, 103,
112, 208, 236

임베디드 시스템 109, 236

ㅈ

자율주행차 36, 51, 75, 80, 81, 84,
85, 86, 87, 89, 91, 92, 93, 95,
100, 102, 103, 104, 109, 110,

154, 155, 193, 199, 200, 201,
210, 237, 246, 247

증강현실 31, 51, 75, 76, 150, 192,
233

154, 159, 163, 167, 172, 173,
174, 182, 188, 201, 202, 203,
205, 206, 208, 210, 214, 218,
232, 234, 235, 242, 245

ㅊ

초연결사회 66, 162, 163, 165,
167, 233

초연결성 35, 36, 70, 142, 145,
148

ㅎ

홀로그램 131, 148, 238

ㅋ

커넥티드카 80, 84, 95, 150, 156,
208, 231, 237, 246, 247

클라우드 컴퓨팅 38, 120, 215, 233

ㅌ

테일러주의 27, 233

ㅍ

플랫폼 11, 20, 33, 35, 40, 42, 43,
47, 49, 50, 51, 54, 55, 57, 58,
59, 61, 65, 66, 67, 68, 69, 71,
73, 74, 75, 76, 77, 92, 93, 94,
123, 124, 128, 131, 137, 138,

PART 1 제4차 산업혁명, 주식시장 상승의 중요한 원동력이다

CPU(Central Processing Unit) 비교·판단·연산을 담당하는 '연산장치'와 명령어의 해석과 실행을 담당하는 '제어장치'로 구성된다. 다양한 입력장치로 자료를 받아서 처리한 후 다시 출력장치로 보내는 일련의 과정을 제어하고 조정하는 일을 수행한다.

CPS(Cyber Physical Systems) 이종 시스템들이 상호 연동되는 초연결 및 사물인터넷 실현기술로서 센서와 액추에이터를 갖는 물리 시스템과 이를 제어하는 컴퓨팅이 강력하게 결합된 네트워크 기반 분산 제어 시스템이다. 센서와 엑추에이터를 이용해 물리 프로세스를 모니터링해 물리 시스템에 새로운 특성과 능력을 제공한다. 특징으로는 SW에 의한 고신뢰성·실시간성·지능성·안전성·보안성 등을 포함한다.

GPU(Graphic Processing Unit) 그래픽처리를 위한 고성능의 처리장치로 그래픽카드의 핵심이다. GPU는 게임이나 영상편집 등 멀티미디어 작업에서 CPU를 보조하기 위한 부품으로 등장했지만, 현재는 제4차 산업혁명의 핵심인 AI 컴퓨터의 핵심부품으로 손꼽히고 있다.

ICT(Information & Communication Technology) 정보기술(IT)과 통신기술(CT)의 합성어로, 정보 기기의 하드웨어 및 이들 기기의 운영과 정보 관리에 필요한 소프트웨어기술을 이용해 정보를 수집·생산·가공·보존·전달·활용하는 모든 방법을 의미한다.

IoT(Internet of Things) 유무선 통신장비를 활용해 물건과 물건 사이에 사람이 개입하지 않고 통신이 이루어지는 개념이다. 커넥티드카(connected car)와 스마트시티, 물류혁신 등 제4차 산업혁명을 이끌 기반 기술로 평가받고 있다.

O2O(Online to Offline) 물건을 구입하는 전자상거래에서 온라인과 오프라인이 결합하는 현상을 말한다. 온라인에서 마케팅을 해 사람을 모은 후, 할인된 가격으로 오프라인에서 구매를 하는 방식이다. 쉽게 정보를 얻을 수 있고 가격도 저렴한 온라인과, 실제 물건을 볼 수 있고 구매가 이루어지는 오프라인의 장점을 접목한 시장을 말한다.

PLC(Power Line Communication) 가정이나 사무실의 소켓에 전원을 꽂으면 음성·데이터·인터넷 등을 고속으로 이용할 수 있는 기술이다. 텔레비전·전화·퍼스널컴퓨터 등 가정의 모든 정보기기를 연결하는 홈네트워크까지 가능하다.

가상현실(virtual reality) 어떤 특정한 환경이나 상황을 컴퓨터로 만들어 이용자가 마치 실제 주변 상황·환경과 상호작용을 하고 있는 것처럼 느끼게 하는 기술이다. 인간과 컴퓨터 사이의 인터페이스를 말한다.

공유경제(sharing economy) 2008년 미국 하버드대 법대 로런스 레식(Lawrence Lessig) 교수에 의해 처음 사용된 말로, 한번 생산된 제품을 여럿이 공유해 쓰는 협력소비를 기본으로 한 경제방식을 말한다. 즉 물품은 물론이고 생산설비나 서비스 등을 개인이 소유할 필요 없이 필요한 만큼 빌려 쓰는 것이다. 자신이 필요 없는 경우 다른 사람에게 빌려주는 공유소비의 의미를 담고 있다.

네트워크효과(network effect) 일단 어떤 상품에 대한 수요가 형성되면 다른 사람들의 상품 선택에 영향을 미치는 현상이다. 사람이 몰리면 몰릴수록 계속 늘어난다는 개념으로 제품이나 서비스 자체 품질보다는 얼마나 많은 사람이 사용하고 있느냐가 더 중요하다. 누군가의 특정 상품에 대한 선택이 주위 사람에게 영향을 미쳐 이로 인해 그 상품을 선택하는 사람들이 증가하는 효과가 나타나기 때문이다.

닷컴버블 '인터넷버블' 또는 'IT버블'이라고도 한다. 1995~2000년까지 주로 인터넷 관련 기업의 주가가 폭등한 현상을 말하며, 기술 관련 기업의 주가지수를 나타내는 나스닥지수는 이 기간에 5배 넘게 폭등했다. 특히 2000년 3월 나스닥지수가 최고점을 찍기 전 6개월 동안 83%나 상승했다.

러다이트 운동(luddite movement) 18세기 말에서 19세기 초에 걸쳐 영국의 공장지대에서 일어난 노동자에 의한 '기계파괴운동'을 말한다. 공장제 기계공업의 발달로 기계가 노동자들의 생계를 빼앗아간다고 생각해 기계 자체를 목표로 삼았다.

로봇공학(robotics) 로봇에 관한 공학 기술적 연구를 행하는 학문 분야다. 인간이 지니는 감각을 갖도록 하려는 '센서공학', 인간의 지능에 가까운 능력을 갖도록 하기 위한 '인공지능'이나 '컴퓨터 사이언스', 의수·의족 등의 '의지(義肢)공학' 및 '생물공학' 등으로 구성된 종합적 학문 분야다. 공장 등의 생산현장에 산업용 로봇을 도입하고 새로운 생산 시스템을 구축하기 위한 시스템 엔지니어링이기도 하다.

블록체인(block chain) 온라인 금융 거래 정보를 블록으로 연결해 중앙 관리 서버가 아닌 P2P 네트워크 분산환경으로 참여자들의 개인 디지털 장비에 분산·저장시켜 공동으로 관리하는 방식이다. 블록체인의 기본 구조는 블록(block)을 잇따라 연결한(chain) 모음의 형태이며 P2P 방식을 기반으로 한다

빅데이터(big data) 디지털 환경에서 생성되는 데이터로, 형태와 수치 데이터를 비롯해 문자와 영상 데이터를 포함하는 대규모 데이터를 말한다. 규모가 방대하고, 생성 주기가 짧다.

승수효과(multiplier effect) 경제현상에서 어떤 경제요인의 변화가 다른 경제요인의 변화를 가져와 파급효과를 낳고, 최종적으로는 증가 또는 감소가 나타나는 효과를 의미한다.

온디맨드경제(on demand economy) 플랫폼과 기술력을 가진 회사가 수요자의 요구에 즉각적으로 대응해 서비스 및 제품을 제공하는 경제전략 혹은 활동을 일

컫는 말이다. 온 디맨드(on demand)는 사전적으로 '모든 것이 수요에 달려 있다.' 는 의미를 지닌다.

인공지능(Artificial Intelligence) 기존의 컴퓨터가 프로그래밍된 순서 안에서만 작업하는 시스템이었다면, 인공지능은 인간의 두뇌와 같이 컴퓨터 스스로 추론·학습·판단하면서 전문적인 작업을 하거나 인간 고유의 지식활동을 하는 시스템이다. 좀더 유연한 문제해결을 지원하는 데 도움을 준다.

증강현실(Augmented Reality) 현실세계에 3차원 가상 이미지를 겹쳐서 하나의 영상으로 보여주는 기술을 말한다. 가상현실은 배경이나 이미지가 모두 진짜가 아닌 가상의 이미지를 사용하는 데 반해, 증강현실은 현실공간과 가상공간을 함께 보여준다는 점에서 차이가 있다.

초연결사회(hyper connected society) IT를 바탕으로 사람·프로세스·데이터·사물이 서로 연결됨으로써 지능화된 네트워크를 구축, 이를 통해 새로운 가치와 혁신의 창출이 가능해지는 사회다.

클라우드 컴퓨팅(cloud computing) 정보가 인터넷 상의 서버에 영구적으로 저장되고, 데스크톱·태블릿·노트북·넷북·스마트폰 등의 IT기기 등과 같은 클라이언트에는 일시적으로 보관되는 컴퓨터 환경을 뜻한다. 즉 이용자의 모든 정보를 인터넷 상의 서버에 저장, 이 정보를 각종 IT기기를 통해 언제 어디서든 이용할 수 있다는 개념이다.

테일러주의(Taylorism) 미국의 프레드릭 테일러(Fredrick Taylor)가 주장한 과학적 경영관리법으로, 작업과정에서 노동자의 태만을 방지하고 최대의 능률을 발휘하도록 하기 위해 시간연구와 동작연구를 바탕으로 공정한 1일의 작업 표준량인 과업을 제시해 과업관리(task management)를 하는 동시에 노동의욕을 고취시키기 위해 차별적인 성과급제도를 채택하는 기능식 직공장제도를 도입한 관리방식이다.

3D프린팅(3D printing) 평면으로 된 문자나 그림을 인쇄하는 것이 아니라, 입체도형을 찍어내는 기술을 말한다. 종이를 인쇄하듯 3차원 공간 안에 실제 사물을 인쇄하는 3D 기술로, 의료·생활용품·자동차부품 등 많은 물건을 만들어낼 수 있다.

5G 28GHz의 초고대역 주파수를 사용하는 이동통신 기술이다. 2GHz 이하의 주파수를 사용하는 4G LTE(Long Term Evolution)와는 달리 28GHz의 초고대역 주파수를 사용한다. 이로 인해 LTE보다 빠른 속도로 고화질의 영화를 1초 만에 전달할 수도 있다. 저대역 주파수는 도달거리가 길고 속도는 느린 반면, 고대역 주파수는 직진성이 강해 도달거리는 짧지만 속도는 빠르다.

PART 2 제4차 산업혁명과 융합 빅데이터 플랫폼, 그리고 지배구조

IP(Intellectual Property) 표현물이나 발명품 등 지식재산에 대한 권리를 뜻한다. 지적재산권을 가진 사람은 자신의 지식재산에 대한 독점·배타적인 권리를 가진다. 만약 특정 게임의 지식재산권을 보유하고 있으면 보유자의 허가 없이 작품 자체는 물론이고 작품의 제목이나 캐릭터·음악·소스코드 등을 사용할 수 없다.

MMORPG(Massive Multiplayer Online Role Playing Game) 게임 속 등장인물의 역할을 수행하는 게임 형식의 일종으로, 온라인으로 연결된 여러 플레이어가 같은 공간에서 동시에 즐길 수 있는 게임을 말한다.

기업지배구조(corporate governance) 기업경영의 통제에 관한 시스템으로 기업경영에 직·간접적으로 참여하는 주주·경영진·근로자 등의 이해관계를 조정하고 규율하는 제도적 장치와 운영기구를 말한다. 즉 기업의 소유구조뿐 아니라 주주의 권리·주주의 동등 대우·기업지배구조에서 이해관계자의 역할·공시 및 투명성·이사회의 책임 등을 포괄하고 있다.

스트리밍(streaming) 인터넷 상에서 음성이나 동영상 등을 실시간으로 재생하는 기술로, 전송되는 데이터를 마치 끊임없이 지속적으로 처리할 수 있다.

플랫폼(Platform) 공급자와 수요자 등 복수 그룹이 참여해 각 그룹이 얻고자 하는 가치를 공정한 거래를 통해 교환할 수 있도록 구축한 환경이다. 플랫폼 참여자들의 연결과 상호작용을 통해 진화하며, 모두에게 새로운 가치와 혜택을 제공해줄 수 있는 생태계라고 말할 수 있다.

PART 3 제4차 산업혁명의 중심에 스마트카가 있다

ADAS(Advanced Driving Assist System) 운전을 하다 발생할 수 있는 수많은 상황 가운데 일부를 차량 스스로 인지하고 상황을 판단, 기계장치를 제어하는 기술이다. 복잡한 차량 제어 프로세스에서 운전자를 돕고 보완하며, 궁극적으로는 자율주행기술을 완성하기 위해 개발되었다.

ASCC(Advanced Smart Cruise Control) 운전자가 계기판 클러스터에 원하는 속도를 설정하면 운전시 페달을 밟지 않아도 차가 알아서 일정 속도로 달린다. 만일 앞선 차량이 정지하면 자동으로 차간거리를 조절해 브레이크를 밟지 않아도 스스로 멈춘다.

D램(Dynamic random access memory) 램은 컴퓨터에서 정보나 명령을 판독·기록할 수 있는 기억장치로 전원 공급이 유지되어야 기억을 보존하는 'S램 (static random access memory)', 시간이 흐름에 따라 기억이 흐려지는 'D램'이 있다. D램은 단시간 내에 주기적으로 재충전시키면 기억이 유지되어 컴퓨터의 기억소자로 많이 쓰인다.

HVI(Human Vehicle Interaction) 안전운전을 위한 운전자와 차량 간 상호 정보 교환 시스템으로 차 안의 모든 정보기기의 입출력을 제어할 수 있고, 운전자와 차의 상태를 실시간으로 파악해 운전자의 운전 부하를 최적화시켜 가장 안전한 방법으로 운전하도록 도와준다.

LKAS(Lane Keeping Assist System) 운전자가 졸음운전을 하거나 부주의로 차선을 벗어날 경우, 차가 자동으로 운전대를 돌려 원위치로 복귀시키는 시스템이다.

PHEV(Plugin Hybrid Electric Vehicle) 가정이나 건물의 전기 등을 이용해 외부에서 충전한 배터리의 전기동력으로 주행하다가, 배터리 방전시 내연기관 엔진과 배터리의 전기동력을 동시에 사용해 운행하는 자동차를 말한다.

V2X(Vehicle to Everything) 운전을 하며 도로 인프라 및 다른 차량과 통신해 교통상황 등의 정보를 무선통신으로 교환하거나 공유하는 기술이다.

낸드플래시 전원이 꺼지면 저장된 자료가 사라지는 D램이나 S램과 달리 전원이 없는 상태에서도 데이터가 계속 저장되는 플래시 메모리를 말한다. 이런 특징 때문에 '비휘발성 메모리'라고 부른다. 디지털 카메라·스마트폰·USB 드라이브 등의 다양한 휴대용기기와 SSD(Solid State Drive)에 널리 사용되고 있다.

비메모리 반도체 연산·논리작업 등과 같은 정보처리를 목적으로 이용된다. IT제품에 필요한 계산·분석 등 각종 기능을 하나의 칩에 통합한 '시스템 반도체'라고도 불린다.

스마트카(smart car) 전기·전자·반도체·지능 제어기술 및 네트워크의 결합을 통해 안전·편의성·정보 및 멀티미디어 활용이 크게 확대된 정보통신기술의 결정체로서 향상된 고객 경험과 가치를 제공할 수 있는 자동차다.

인포테인먼트(infotainment) 정보(information)와 오락(entertainment)의 합성어로서, 정보혁명의 성과물을 실생활에 이용하면 인류의 삶을 풍요롭게 만들 수 있다는 것을 의미한다.

임베디드 시스템(embedded system) 어떤 장치가 다른 시스템에 의존하지 않고 독립적으로 기능을 수행하는 것을 의미한다. 어떤 제품이나 솔루션에 추가로 탑재되어 그 제품 안에서 특정한 작업을 수행하도록 하는 솔루션이다.

자율주행차 운전자가 직접 조작하지 않고 차량이 자체적으로 주변환경 정보를 수집 및 인식해 이를 기반으로 목적지까지 주행하는 차를 말한다.

커넥티드카(connected car) 네트워크 접속이 가능하고 무선통신을 통해 차량 내부와 외부 네트워크가 상호 연결되는 물리적 시스템을 갖춘 자동차를 말한다.

PART 4 스마트팩토리의 성장세 가속화가 놀랍다

BPO(Business Process Outsourcing) 업무처리의 일부 과정을 주로 외부업체에 맡겨 기업가치를 창출하는 아웃소싱 방식으로, 기업은 비용절감뿐만 아니라 역량을 핵심 사업에 집중할 수 있는 이점이 있다.

ERP(Enterprise Resource Planning) 기업 내 생산·물류·재무·회계·영업·구매·재고 등 경영 활동 프로세스들을 통합적으로 연계해 관리해주며, 기업에서 발생하는 정보들을 서로 공유하고 새로운 정보의 생성과 빠른 의사결정을 도와주는 전사적 자원관리 시스템을 가리킨다.

MES(Manufacturing Execution System) 제품의 주문을 받고 난 후 제품이 완성될 때까지 생산의 최적화를 위한 정보를 제공하고, 생산현장에서 발생하는 최신 정보를 현장 실무자나 관리자에게 보고한다. 신속한 응답을 통해 생산조건을 변화시키고 가치없는 요소를 감소시켜줌으로써 생산공정과 기능을 개선하도록 유도한다.

리쇼어링(reshoring) 해외에 나가 있는 자국 기업들을 각종 세제 혜택과 규제 완화 등을 통해 자국으로 불러들이는 정책을 말한다. 싼 인건비나 판매시장을 찾아 해외로 생산기지를 옮기는 '오프쇼어링(Offshoring)'의 반대 개념이다.

애플리케이션(application) 특정한 업무를 수행하기 위해 고안된 일련의 컴퓨터 프로그램 집합을 말한다. 마이크로소프트의 엑셀·워드 등이 이에 속한다. 보다 넓은 의미의 애플리케이션은 컴퓨터 장비인 시스템을 이용해 목적 업무를 수행하기 위한 프로그램을 일컫는다.

홀로그램(hologram) 영상이 3차원이고 실물과 똑같이 입체적으로 보이는 사진이다. 홀로그램은 홀로그래피의 원리를 이용해 만들어진다. 홀로그래피의 원리는 레이저에서 나온 광선을 2개로 나누어 하나의 빛은 직접 스크린을 비추게 하고, 다른 하나의 빛은 우리가 보려는 물체에 비추는 원리다.

PART 5 제4차 산업혁명 실현의 핵심 인프라는 통신이다

Gbps 초당 얼마나 많은 양의 정보를 보낼 수 있는지를 나타내는 단위다. 1Gbps는 '1초에 대략 10억 비트의 데이터를 보낼 수 있다.'는 뜻이다.

NB-IoT(Narrow Band Internet of Things) 롱텀에벌루션(LTE) 주파수를 이용한 저전력·광역(LPWA: LowPower Wide Area) 사물인터넷 기술 중 하나로 저용량 데이터를 간헐적으로 전송하는 추적·센싱·검침 등에 활용한다. 구체적으로 예를 들면 수도·가스·전기검침 및 대기·수질 측정 시스템, 위치추적 서비스(노약자 위치추적, 애완동물 관리, 자전거 분실 방지), 화재·유해물질·가스 등을 모니터링하거나 건축물 균열을 감지하는 센싱 서비스·빌딩자동화·홈자동화·놀이동산 관리 등의 제어 서비스에 활용된다. NB-IoT는 초저전력이기 때문에 장기간 배터리를 교체하지 않고 사용할 수 있다.

RRH(Remote Radio Head) 대기 중에 필요한 데이터만 골라 수신하는 무선(RF)부문과 이 데이터를 해독하는 제어(베이스밴드)부문으로 구성되어 있는 장치로, 이동통신 기지국에서 무선부문만 따로 분리한 것이다. RRH는 LTE 보급 확대와 함께 기지국이 처리해야 하는 데이터 용량을 늘리면서도 기지국 투자비는 줄일 수 있어 LTE 등 제4세대 이동통신 보급과 함께 기지국 표준 장비로 부각되고 있다.

광트랜시버(optical transceiver) 광통신망을 연결하는 광케이블과 데이터전송을 담당하는 전송장비 사이에서 전기신호를 빛의 신호로, 빛의 신호는 전기신호로 변화시켜주는 역할을 하며 데이터를 주고받는다.

스몰셀 수백 미터 정도의 운용 범위를 갖는 저전력 무선 접속 기지국으로, 단말기를 기지국에 가깝게 위치시켜 운용 범위를 줄임으로써 통신 품질저하 및 음영지역 발생 등의 문제점들을 해결할 수 있다. 또한 단말기가 기지국과 가까이 위치해 단말기의 전력소모를 줄일 수 있고, 설치비와 유지보수비용이 기존 기지국에 비해 적게 드는 이점 등의 장점을 갖는다.

PART 6 '제2의 인터넷'인 블록체인에 주목하자

P2P(Peer to Peer) 기존의 서버와 클라이언트 개념이나 공급자와 소비자 개념에서 벗어나 개인 컴퓨터끼리 직접 연결하고 검색함으로써 모든 참여자가 공급자인 동시에 수요자가 되는 형태다.

비트코인(bit coin) 2009년 1월에 '나카모토 사토시'라는 가명의 컴퓨터 프로그래머가 만든 디지털 통화로, 지폐나 동전과 달리 물리적인 형태가 없는 온라인 가상화폐. 컴퓨터가 제시하는 매우 난해한 수학 문제를 풀면 그 대가로 비트코인을 지급하는 작동방식으로 구현되고 있으며, MIT 라이선스를 적용해 오픈소스로 공개했다. 특정 개인이나 회사가 발행하는 것이 아니라 개인 간 거래(P2P)에 사용되는 방식이기 때문에 비트코인을 만들고, 거래하고, 현금으로 바꾸는 사람 모두가 비트코인 발행주가 되는 형태다.

PART 7 제4차 산업혁명시대, 수술도 로봇이 한다

병변(lesion) 병으로 일어난 육체적 또는 생리적인 변화를 말한다. 질병 그 자체 또는 질병으로 변화한 조직 그 자체를 지적한다. 병변의 평가·진단 및 병변에 대한 치료는 물론 중요하지만 병변과 비병변 부위의 경계부분 상태, 병변과 병변을 포함한 장기, 혹은 그 병변이 있는 개체 전체와의 관계를 확인하기 위해 진단·치료를 하는 것도 중요하다.

생검(biopsy) 환자의 병이 있는 부위의 조직을 약간 잘라내어 직접 눈이나 현미경으로 관찰하는 일을 말한다.

PART 8 지능정보기술, 제4차 산업혁명 변화의 중요한 동인이다

BEMS(Building Energy Management System) 건물에 IT기술을 활용해 전기·공조·방범·방재 같은 여러 건축 설비를 관리하는 시스템이다. 건물에서 쓰는 여러 가지 설비를 관리해 쾌적한 환경을 조성하고 에너지 절감과 인건비 절감은 물론 건물 수명연장을 목표로 하고 있다.

ICBM(IoT, Cloud, BigData, Mobile) 기본적으로 사물인터넷 센서가 수집한 데이터를 클라우드에 저장하고, 빅데이터 분석기술로 이를 분석해서, 적절한 서비스를 모바일 기기 서비스 형태로 제공해 관련 산업을 활성화 시킨다는 의미다. 다시 말해 5G, 기가 네트워크, 유선 혹은 무선으로 연결된 사물들로부터 데이터들이 수집되면 수집된 데이터는 클라우드 스토리지에 분산 저장되고, 분산 저장된 클라우드 서버의 데이터를 빅데이터 분석 기술들에 의해 분석한다. 분석된 결과는 다양한 모바일 사용자 기기에 의해서 소비되고, 이를 기반으로 사용자 서비스가 제공된다.

딥러닝(deep learning) 컴퓨터가 여러 데이터를 이용해 마치 사람처럼 스스로 학습할 수 있게 하기 위해 인공 신경망(ANN: artificial neural network)을 기반으로 구축한 '기계 학습기술'이다. 딥러닝은 인간의 두뇌가 수많은 데이터 속에서 패턴을 발견한 뒤 사물을 구분하는 정보처리방식을 모방해 컴퓨터가 사물을 분별하도록 기계를 학습시킨다. 딥러닝 기술을 적용하면 사람이 모든 판단 기준을 정해주지 않아도 컴퓨터가 스스로 인지·추론·판단할 수 있게 된다. 음성·이미지 인식과 사진 분석 등에 광범위하게 활용된다. 구글 알파고도 딥러닝 기술에 기반한 컴퓨터 프로그램이다.

PART 9 제4차 산업혁명은 바이오헬스산업을 촉진시킨다

PHR(Personal Health Record) 의료기관에 흩어져 있는 진료·검사정보와 더불어 스마트폰 등으로 수집한 활동량 데이터, 스스로 측정한 체중·혈당 등의 정보를 모두 취합해 사용자 스스로 열람하고 관리할 수 있도록 구축한 건강기록 시스템을 뜻한다.

라이프로그(lifelog) 취미·건강·여가 등에서 생성되는 개인생활 전반의 기록을 정리·보관해주는 서비스다. 사용자가 직접 사진·동영상·메모 등을 저장하는 것뿐만 아니라 사용자의 위치정보·생체정보·운동량 등을 분석한 체계적 기록도 저장된다. 이런 정보는 디지털 기기에 장착된 센서, 위성항법장치(GPS) 등으로 수집이 가능하다. 특히 웨어러블기술의 발달과 보급으로 헬스케어 분야에서 다양한 가치를 생산할 것으로 전망된다.

4P 개인의 유전적 특성을 고려하는 것(Personalized), 건강상의 문제 등을 미리 예측하고 대응하는 것(Predictive), 질환이 발생하는 것을 사전에 차단하기 위해 그에 앞서 건강관리에 초점을 두는 것(Preventive), 보건의료의 제반활동에서 환자 및 일반인의 참여를 강화하는 것(Particiapatory)을 지칭한다.

『제4차 산업혁명시대, 사야 할 주식』
저자와의 인터뷰

Q. 『제4차 산업혁명시대, 사야 할 주식』을 소개해주시고, 이 책을 통해 독자들에게 전하고 싶은 메시지가 무엇인지 말씀해주세요.

A. 어찌 보면 제4차 산업혁명은 모호할 수 있을 뿐만 아니라 그 개념 자체가 잘 와닿지 않을 수 있습니다. 이 책에서는 제4차 산업혁명에 대해 보다 쉽게 이해하고 머릿속에서 그림을 그릴 수 있도록 제4차 산업혁명 관련 분야들을 융합빅데이터 플랫폼과 지배구조, 스마트카, 스마트팩토리, 통신 인프라, 블록체인, 의료용 로봇, 지능정보기술(사물인터넷·빅데이터·인공지능), 바이오헬스 등 카테고리별로 나누어 제시했으며, 각각의 카테고리마다 투자 유망한 국내외 주식을 소개했습니다.

성장이 정체되어가는 전통산업의 재도약과 더불어 새로운 시장을 발굴하기 위한 신성장동력으로 제4차 산업혁명이 문재인 대통령의 집권기간 동안 최대 화두가 될 전망입니다. 따라서 지금과 같은 정권 초기에는 문재인 정부 신성장동력정책인 제4차 산업혁명에 더욱 주목해야 할 뿐만 아니라 제4차 산업혁명 관련 주식투자에 적기라고 판단됩니다.

이 책이 조금이나마 제4차 산업혁명을 이해하고 더 나아가 주식투자에 도움이 되었으면 합니다.

Q. 제4차 산업혁명이 주식시장 상승의 중요한 원동력이 된다고 말씀하셨는데, 그 이유는 무엇인가요?

A. 기술적 혁신에 의한 산업혁명은 기존에 없었던 것이 새로 출현해 사회 및 경제에 지대한 영향을 미쳤기 때문에 이와 관련된 주식들은 상승을 넘어 항상 버블까지도 조성되었습니다. 다시 말해서 혁신동인이 증기기관인 제1차 산업혁명에서는 철도버블을, 전기발명인 제2차 산업혁명에서는 자동차 등 다우산업지수버블을, 컴퓨터·인터넷 등이 등장한 제3차 산업혁명에서는 닷컴버블을 촉발시켰습니다.

닷컴버블의 경우 향후 인터넷 보급 확대 등으로 인한 신규 비즈니스증가 기대감 등이 선반영된 측면이 강했는데, 이번 제4차 산업혁명의 경우도 사물인터넷·로봇공학·3D프린팅·빅데이터·인공지능 등의 주요기술로 인한 ICT 기반 융합 서비스의 잠재 가치 등이 선반영되면서 버블이 나타날 가능성이 높습니다. 특히 제4차 산업혁명의 무수히 많은 신기술과 패러다임을 융합해 고객 가치 향상에 이바지할 것으로 예상되는 기업의 주가 상승률이 높을 것입니다.

Q. 제4차 산업혁명에서 돈 되는 주식은 따로 있다고 하셨습니다. 어떤 주식이 있을까요?

A. 제4차 산업혁명시대에는 융합을 통한 디지털 혁신으로 새로운 가치창출이 가능해지면서 기업가치가 상승할 가능성이 큽니다. 즉 사물인터넷·빅데이터·인공지능 등으로 인해 과거에는 가능하지 않았던 새로운 융합 비즈니스 모델들이 만들어지고, 이러한 융합 비즈니스 모델들이 산업의 경계를 무너뜨리고 기업의 성패를 가르면서 새로운 기업가치창출로 이어져 한 단계 레벨업이 가능할 것입니다.

제4차 산업혁명의 무수히 많은 신기술과 패러다임을 어떻게 융합할지를 견인하는 것은 궁극적으로 고객의 가치증진에 있습니다. 가령 제4차 산업혁명에서는 사물인터넷·빅데이터·인공지능 등 혁신적인 기술의 발전이 소비자의 행동방식을 변화시키고, 이

244

에 따라 신규시장이 출현하거나 산업이 진화하면서 재편이 가속
화하고 있습니다. 이와 같은 혁신은 많은 물건을, 적은 인력으로,
빨리 만들어서 고객의 가치를 증진시키는 것을 의미하며, 이는 곧
기업가치 상승으로 이어집니다.

제4차 산업혁명 관련주의 경우 네트워크효과의 잠재적 가치증
가, 높아진 M&A 수요, 고객의 가치증진 가능성 등으로 인해 높
은 밸류에이션 적용이 가능할 것이므로 관련 종목들의 주가 상
승이 예상됩니다.

Q. 제4차 산업혁명에서 구글의 대응전략을 사례로 소개해주세요.

A. 제4차 산업혁명으로 패러다임이 변화하는 환경에서 구글은 기존
모바일 플랫폼 대신에 융합신산업을 적극적으로 주도하기 위해
2015년에 지배구조를 개편했습니다. 즉 2015년 8월 출범한 지주
회사 알파벳(Alphabet)은 구글의 기존 모바일 플랫폼 서비스들을
구글의 하위 단으로 모으고, 현재 상용화가 가능한 사업들은 개
별 자회사로 독립시켰습니다. 또한 미래 상용화가 가능할 것으로
예상되는 사업들은 '구글 X'라는 자회사 아래로 편입시켰습니다.
이런 지배구조 개편으로 인해 융합신산업의 기술개발에서 상용
화에 이르기까지 다각적이고 유연하게 대응이 가능해져 융합신
산업 미래전략을 준비할 수 있을 뿐만 아니라 투명성 강화, 집중

화를 이룰 수 있게 되었습니다. 즉 혁신과 변화를 수용해 유연하게 대응해 출범 이후 알파벳 주가의 지속적인 상승흐름을 이어가고 있는 것입니다.

이와 같은 지주회사 구조는 효율적으로 자산을 배분할 수 있고, 독립적이고 빠른 의사결정을 가능하게 하기 때문에 다양한 사업을 효율적으로 추진하기 위한 새로운 기업경영 체계로 자리잡을 수 있을 것입니다.

Q. 제4차 산업혁명의 중심에는 스마트카가 있습니다. 스마트카에 주목해야 하는 이유를 말씀해주세요.

A. 제4차 산업혁명인 스마트시대가 도래하고 있는 가운데 스마트카가 주목받고 있습니다. 언제 어디서나 인터넷에 접근할 수 있는 스마트폰 때문에 온라인산업은 물론 오프라인산업의 지형까지 변화하면서 스마트혁명이 일어나고 있습니다. 스마트폰에 이어 스마트혁명의 다음 주자로 가장 유력하게 떠오르고 있는 분야가 스마트카입니다.

스마트카는 전기전자·통신 등 ICT를 융합해 고도의 안전과 편의를 제공하는 자동차입니다. 좁은 의미로 스마트카는 통신망에 상시 연결된 '커넥티드카(Connected Car)'를 가리키며, 넓게는 운전자 조작 없이 자동차 스스로 운전하는 자율주행차를 포함하는 개념입니다. 따라서 현재의 스마트카는 주로 커넥티드카 중심으로 논의되고 있으며, 이후 확산될 모델로는 자율주행차가 있습니다.

미래 자동차산업의 핵심 트렌드는 자율주행·커넥티드·전기차·공유 서비스 등이며, 이런 4가지 축 안에서 앞으로 다양한 비즈니스 모델이 창출될 것입니다. 특히 초기단계인 전기차는 엄청나게 많은 가능성이 열려 있는 시장입니다. 배터리기술 발달에 따른 주행거리 증가와 충전 인프라 서비스 확장에 따라 다양한 모습으로 진화가 가능하기에 내연기관시대에서 전기차시대로 변화할 것이다.

Q. 제4차 산업혁명의 기술 집합체인 스마트팩토리에 대해 자세한 설명 부탁 드립니다.

A. 글로벌 경제의 저성장 기조와 더불어 생산성 하락으로 인해 신성장동력이 필요한 가운데 주요국 정부 및 기업들은 제4차 산업혁명 대응 및 산업경쟁력 강화를 위한 스마트팩토리에 큰 관심을 보이고 있습니다.

스마트팩토리는 제품의 기획·설계·제조·공정·유통·판매 등 전 과정이 하나의 공장처럼 실시간으로 연동·통합됩니다. 이에 따라 생산성 향상, 에너지 절감 및 인간중심의 작업환경이 구현되고, 개인맞춤형 제조 등이 가능한 미래형 공장을 의미합니다. 즉 전통 제조업에 ICT를 결합해 개별 공장 설비·장비·공정이 지능화되어 모든 생산 데이터와 정보가 실시간으로 공유되어 최적화된 생산이 가능한 공장을 말합니다.

스마트팩토리에서 무엇보다 중요한 것은 센서, 최첨단 공정, 데이터 등을 축적하는 디지털화, 사물인터넷을 통한 네트워크 연결화, 수집된 데이터 분석을 통한 문제점 발견 및 의사결정을 내리는 스마트화 등입니다. 결국에는 디지털화, 네트워크 연결화, 스마트화 등을 통해 각각의 디바이스 간에 스스로 커뮤니케이션 할 수 있는 지능형 팩토리를 구축하는 것입니다.

Q. 스마트팩토리시장 성장에 따른 수혜 기업으로 주목해야 할 기업은 어디인가요?

A. 제4차 산업혁명을 맞이해 스마트팩토리시장의 성장은 가속화될 것으로 예상됩니다. SK, 에스엠코어, LS산전을 스마트팩토리시장 성장에 따른 수혜기업으로 꼽을 수 있습니다.

스마트팩토리 관련 기업 중 SK는 사물인터넷·빅데이터·클라우드·인공지능을 결합한 종합 스마트팩토리 솔루션 스칼라를 만들어 중국 홍하이그룹 충칭공장 프린터 생산라인 시범 구축을 완료했으며, 다른 인으로 사업 확장도 협의중입니다. 에스엠코어는 하드웨어(장비·기구) 역량과 더불어 SK의 사물인터넷·빅데이터·인공지능·융합물류 등 소프트웨어 역량이 결합되면서 글로벌 스마트팩토리시장 진출이 가속화될 전망입니다. LS산전은 정부 추진 스마트팩토리 수혜가 기대되며, 포스코ICT는 포스코의 스마트팩토리 및 데이터센터 구축 확대에 수혜가 예상됩니다.

Q. 제4차 산업혁명 실현의 핵심 인프라는 통신입니다. 통신 인프라 관련 수혜 기업으로는 어떤 기업이 있을까요?

A. 통신 서비스업체들의 5G서비스 관련 투자는 2018년부터 가능할 것으로 예상되므로, 이 시기에 무선 장비 관련 업체들에게는 큰 수혜가 기대됩니다. 즉 SK텔레콤·KT·LG유플러스 등 국내 통신 3사는 큰 성장의 기회를 맞이할 것입니다. 또한 5G는 총 투자규모가 크고 투자기간이 길어 기지국 장비, 스몰셀 등의 수혜도 예상됩니다.

유무선 통신 인프라 수준이 높은 우리나라와 달리 여타 다른 국가들은 데이터 활성화을 위한 광케이블 및 무선 업그레이드 투자를 지속적으로 진행중입니다. 따라서 5G투자 본격화에 앞서서 업그레이드 통신 인프라 투자 환경으로 인해 실적 턴어라운드가 가시화될 수 있는 업체에도 주목해야 할 것입니다.

Q. 제4차 산업혁명시대에는 수술도 로봇이 할 것입니다. 의료용 로봇의 성장이 기대되는데요, 어떤 주식을 사야 돈을 벌 수 있을까요?

A. 수술용 로봇 시장은 인튜이티브 서지컬(Intuitive Surgical)사를 중심으로, 소수의 선점 기업들에 의한 독과점 시장이 형성되어 있습니다. 수술용 로봇 제품은 첨단 혁신기술연구의 산물이며, 지속적인 연구개발을 통해 신시장을 개척해나갈 수 있는 새로운 제품입니다. 복강경수술을 주축으로 한 로봇수술 분야에서 소수의 기업들이 기술과 시장을 선점하고 있으며, 지속적인 연구개발을 통해 신규 분야를 개척중입니다.

우리나라 기업 중 3D측정장비 제조업체인 고영은 2016년 12월 식약처의 제조판매 허가를 받은 뇌수술로봇 제노 가이드(Xeno Guide)의 국내 출시 및 미국 진출을 준비하고 있습니다. 제노 가이드는 뇌수술로봇으로는 세계 최초로 수술대에 부착하는 방식으로 장비를 소형화하는 데 성공했습니다.

Q. 제4차 산업혁명시대의 투자자로서 어떤 자세가 필요한지 한 말씀 부탁드립니다.

A. 제4차 산업혁명은 투자자에게는 기회이자 리스크가 될 수 있습니다. 환경 등 여러 변화로 인해 기존 틀에서 벗어나 수많은 요소를 고려해 투자를 해야 하므로 기회뿐만 아니라 리스크 또한 증

가하기 때문입니다.

주식투자 관점에서 보다 분명한 점은 신기술 및 패러다임으로 고객의 가치를 증진시킬 수 있는 기업에 투자해야 투자수익률을 높일 수 있다는 것입니다. 즉 제4차 산업혁명의 무수히 많은 신기술과 패러다임을 어떻게 융합할지를 견인하는 것은 궁극적으로는 고객가치의 향상입니다. 결국 제4차 산업혁명시대의 주식의 가치는 고객의 가치를 얼마나 많이 증진시킬 수 있느냐가 가장 큰 관건이 될 것입니다.

4차 산업혁명시대를 여는 딜로이트의 대담한 제안

격변의 패턴

딜로이트 안진경영연구원 지음 | 값 17,000원

딜로이트 글로벌 최고의 전문가들이 이 책을 통해 기존 전통기업들의 대체를 일으키는 격변을 정의했다. 또한 격변이 실체화되는 조건과 기존 기업들의 대응이 어려운 이유를 설명하고, 격변이 나타나는 9가지 유형을 구체적인 사례를 들어 살펴본다. 이 책은 디지털 혁명 시대에 변화와 도전을 모색하고 있는 우리나라 기업들이 구체적인 전략을 수립하는 데 유효한 접근방법을 제시해줄 것이다.

베이비부머가 대한민국 경제 지도를 바꾼다

젊은 노인의 탄생

백찬규 지음 | 값 15,000원

이 책은 고령화가 경제·사회·문화·정치 등에 끼치는 영향을 살펴보고 이로 인해 변화할 미래 트렌드를 전망한 책이다. 현재 전 세계적으로 저성장, 세대 갈등, 국수주의, 4차 산업혁명, 의료 혁신, 산업의 명암, 투자 패러다임의 변화 등 많은 일들이 일시에 일어나고 있다. 이 책은 이러한 변화들을 인구 변화의 관점에서 살펴보고 미래를 예측하고자 노력했으며, 어느 산업에 기회가 있는지 어떻게 투자해야 성공할 수 있는지를 살펴본다.

스마트카 시대의 개막, 어디에 투자할 것인가?

제4차 산업혁명의 핵심, 스마트카에 투자하라

장문수 지음 | 값 16,000원

이 책은 자동차 산업의 변화와 방향성을 입체적으로 살펴보고, 저성장 시대에 안정성과 성장성을 동시에 담보하는 새로운 투자처로 스마트카를 제시한다. 자동차 전문 베스트 애널리스트인 저자는 스마트카와 관련한 국가 정책, 글로벌 자동차 업체의 전략, 스마트카 시장의 전망 등을 통해 투자의 기회를 찾아보고자 한다. 이 책은 스마트카에 관심이 있거나 투자하고 싶은 사람뿐 아니라 현업 종사자에게도 좋은 인사이트를 주는 입문서가 될 것이다.

제4차 산업혁명, IT 빅뱅이 주도한다

다가올 미래, IT 빅픽처

이가근 지음 | 값 15,000원

글로벌 IT 기업들이 진행하고 있는 M&A(인수합병)를 살펴보며, 미래의 IT 산업이 나아가야할 방향성을 제시하는 경제전망서다. 각종 신문사에서 주관하는 반도체와 디스플레이 분야의 베스트 애널리스트로 선정된 저자는 이 책에서 2020년 이후의 제4차 산업혁명이 IT 산업에서는 어떤 식으로 진행될지 구체적인 근거를 들어 전망한다. IT 산업의 현업 참여자들뿐만 아니라 다가올 제4차 산업혁명에 관심이 있는 사람들에게 좋은 안내서이자 지침서다.

불황에도 실패하지 않는 아파트투자 노하우!

큰돈 되는 아파트는 따로 있다

신대성 지음 | 값 16,000원

그동안 부동산에 대해 잘 모르거나 투자 타이밍을 놓쳐 부동산투자를 망설였던 사람들을 위해 부동산투자, 그 중에서도 아파트투자에 대한 방법과 핵심 정보를 담은 책이 나왔다. 부동산 전문기자로 활동하면서 오랜 시간 직접 부동산투자를 단행하기도 한 저자가 자신이 쌓은 이론과 실전 노하우를 아낌없이 공개했다. 이 책으로 부동산시장 흐름과 투자 방법을 파악해 성공적인 부동산투자를 시작해보자.

환율의 기초부터 실전까지, 이보다 쉬울 수 없다

7일 만에 끝내는 환율지식

정선영 지음 | 값 15,000원

초보자들이 평소 어렵게만 느꼈던 환율을 쉽게 이해할 수 있도록 환율의 기본부터 세계 경제의 흐름까지 한 권에 담은 책이 나왔다. 환율은 우리가 매일 접하지만 여전히 어려운 분야다. 시장은 매일 다르고, 계속 공부할 것이 생겨나기 때문이다. 오랫동안 외환시장을 전문으로 취재한 현직 외환전문기자인 저자가 알기 쉽게 사례를 들어 설명한 이 책으로 그동안 어려웠던 환율과 좀더 친해져보자.

소액으로 큰돈 버는 부동산 단기투자!

부동산 고수들만 알고 있는 단기투자의 비밀

전용은 지음 | 값 15,000원

부동산 단기투자에 대한 개념과 방법, 그리고 부동산 단기투자를 처음 시작하는 사람들이 반드시 알아야 할 핵심 패턴을 담은 책이 나왔다. 오랫동안 부동산 경매를 통해 단기투자를 해온 저자는 꾸준히 하겠다는 의지만 있다면 누구나 쉽게 단기투자에 성공할 수 있다고 말한다. 단기투자의 매력은 소액으로 단기간에 수익을 창출하는 데 있다. 이제 단기투자로 부동산 부자가 되어보자.

내집 마련, 기다린다고 기회가 오는 것은 아니다

앞으로 3년, 내집 마련에 집중하라

이승훈 지음 | 값 15,000원

부동산투자에 대한 두려움을 해소해주고 기초적인 부동산지식과 실천방법을 알려주는 책이 나왔다. 현재 (주)리얼비전경제연구소의 대표로 있으며, 부동산투자에 대한 이론과 현장 경험까지 풍부한 저자가 그동안 본인이 공부하고 직접 경험했던 부동산투자에 대해 모든 것을 소개한다. 내집 마련에 망설이고 있던 독자라면 이 책을 통해 자신감을 갖고 부동산투자를 행동으로 옮겨보자.

어디에 투자하느냐에 따라 수익률이 달라진다
수익형 부동산의 99%는 입지다
안민석 지음 | 값 15,000원

부동산투자자가 꼭 알아야 할 입지 분석 전략과 돈이 되는 유망지역을 콕 집어 알려주는 책이 나왔다. 수익형 부동산 정보분석기관인 FR인베스트먼트의 선임연구원으로서 여러 분야에서 활발하게 활동하고 있는 저자가 그동안 분석해온 십여 년간의 데이터와 통계 자료를 바탕으로 수익형 부동산 투자에 앞서 꼭 알아야 할 '입지'의 모든 것을 소개한다.

부동산투자의 기초부터 실전까지, 이보다 쉬울 수 없
7일 만에 끝내는 부동산지식
김인만 지음 | 값 16,000원

부동산시장의 흐름을 읽을 수 있는 노하우, 그리고 부동산투자자라면 꼭 알아야 필수지식과 투자전략을 한 권에 담은 책이 나왔다. 오랫동안 부동산 컨설팅을 해온 저자는 이 책을 통해 분위기에 휩쓸려 맹목적인 투자를 하지 않고, 스스로 부동산의 가치를 판단할 수 있는 안목을 기르도록 돕는다. 이 책을 읽고 부동산의 내재가치, 현재가치, 미래가치, 시장가치를 체계적으로 이해해 보자.

외환투자에 성공하고 싶다면 환율은 기본이다!
외환초보자가 가장 알고 싶은 것들
이낙용 지음 | 값 15,000원

이 책은 환율과 경제에 관심 있는 모든 독자들이 부담 없이 읽을 수 있도록 구성했다. 환율은 평소 기업이 교역을 하거나 개인이 여행을 갈 때 큰 영향을 미치는 등 우리 생활과 밀접한 관계를 맺고 있다. 하지만 실제로 대다수의 사람들은 환율이 어렵다고 생각한다. 이 책은 현직 외환딜러인 저자가 실무에서 직접 고객들을 상담하고 실시간으로 환율변동을 모니터링하면서 얻은 노하우를 외환 초보자들이 쉽게 익힐 수 있도록 정리했다.

한 권으로 끝내는 꼬마 빌딩 투자
꼭 알고 싶은 꼬마 빌딩 투자의 모든 것
정호진 지음 | 값 16,000원

꼬마 빌딩 투자자라면 꼭 알아야 할 필수 지식을 담은 투자 지침서다. 빌딩 전문가인 저자가 꼬마 빌딩 투자와 관련된 수많은 상담경험을 바탕으로, 실제 사례와 자문보고서들의 해결방안을 적용하고자 노력했다. 또한 최근 부동산투자 시장과 급변하는 소비 트렌드에 따른 상권변화 환경에 맞춰, 꼬마 빌딩 투자에 적합한 투자위험의 관리방법과 최대 수익을 실현할 수 있는 방안들을 제시한다.

무역 초보자가 꼭 알아야 할 것들
처음 시작하는 무역
김용수 지음 | 값 15,000원

어려운 무역 용어를 재미있고 쉽게 설명한 이 책으로 무역 용어를 마스터하자. 이 책은 용어를 이루고 있는 글자의 영어와 한자 뜻을 풀이해 기본 개념부터 충실히 설명한다. 용어들을 실무에서 필요한 우선순위대로 구성해 용어사전으로 유용하게 활용할 수 있고, 무역 과정을 공부하기에도 손색이 없다. 무역에 필요한 핵심용어부터 실무까지 이 책 한 권으로 모두 잡아보자.

평범한 여자를 부자로 만드는 재테크 비밀 43
언니, 재테크를 부탁해
조혜경 지음 | 값 15,000원

돈을 합리적으로 사용하고, 모으고, 더 나아가 투자를 하고 싶어하는 20~30대 여성들을 위한 재테크 입문서다. 저자는 이 책에서 돈에 대한 여자의 심리를 명쾌하게 풀어냈으며, 통장관리와 예·적금, 청약, 보험, 투자 등을 이용해 효과적으로 돈을 관리할 수 있는 돈관리 노하우를 정리했다. 또한 꼭 알아야 할 경제지식과 투자지식까지 알기 쉽게 담아냈다. 저자가 알려주는 핵심 돈관리 노하우를 통해 재테크능력을 키워보자.

부동산은 결코 죽지 않는다
대한민국 부동산 대전망
이상우 지음 | 값 15,000원

대한민국 부동산시장을 국내외 데이터를 바탕으로 분석한 전망서다. 우리나라의 부동산가격은 선진국에 비해 지나치게 저렴하다. 데이터를 분석했을 때 나오는 객관적인 사실이다. 저자는 대한민국 부동산시장에서의 가격하락은 당분간 없을 것이라고 말한다. 이러한 저자의 의견에 대해 반대한다면 이 책을 펼쳐보라. 이 책에 저자의 의견을 뒷받침하는 수많은 근거가 담겨 있다.

스마트폰에서 이 QR코드를 읽으면
'원앤원북스 도서목록'과 바로 연결됩니다.

독자 여러분의
소중한 원고를 기다립니다

★ 원앤원북스는 독자 여러분의 소중한 원고를 기다리고 있습니다. 집필을 끝냈거나 혹은 집필중인 원고가 있으신 분은 khg0109@hanmail.net으로 원고의 간단한 기획의도와 개요, 연락처 등과 함께 보내주시면 최대한 빨리 검토한 후에 연락드리겠습니다. 머뭇거리지 마시고 언제라도 원앤원북스의 문을 두드리시면 반갑게 맞이하겠습니다.